〈カラッチとボローニャ派のローマを歩く〉
21 ファルネーゼ宮殿
   Pal. Farnese
22 サンタ・チェテリーナ・デイ・フナーリ聖堂
   S. Caterina dei Funari
23 サントノーフリオ・アル・ジャニコロ聖堂
   Sant Onofrio al Gianicolo
24 コロンナ美術館
   Galleria Colonna
25 サンタ・チェチリア・イン・トラステヴェレ聖堂
   S. Cecilia in Trastevere
26 クイリナーレ宮殿
   Pal. D. Quirinale
27 サン・グレゴリオ・アル・マーニョ聖堂
   S. Gregorio al Magno
28 サンタ・マリア・マッジョーレ聖堂
   S. Maria Maggiore
29 パラッツォ・ロスピリオージ・パラヴィチーニ
   Palazzo Pallavicini
30 サンティッシマ・トリニタ・デイ・ペレグリーニ聖堂
   SS. Trinita dei Pellegrini
31 サン・ロレンツォ・イン・ルチーナ聖堂
   S. Lorenzo in Lucina
32 サンタ・マリア・デラ・コンチェツィオーネ聖堂
   S. Maria della Concezione
33 サンタンドレア・デラ・ヴァッレ聖堂
   S. Andrea della Valle
34 サン・カルロ・アイ・カティナーリ聖堂
   S. Carlo ai Catinari
35 サンタ・マリア・イン・トラステヴェレ聖堂
   S. Maria in Trastevere
36 カジノ・ボンコンパーニ・ルドヴィシ
   Casino Bomco

〈ベルニーニのローマを歩く〉
37 サンタ・ビビアーナ聖堂
   S. Bibiana
38 サンタ・マリア・デラ・ヴィットーリア聖堂
   S. Maria d. Vittoria
39 サンタンドレア・アル・クイリナーレ聖堂
   S. Andrea al Quirinale
40 バルベリーニ広場
   Piazza Barberini
41 ナヴォーナ広場
   Piazza Navona
42 サン・フランチェスコ・ア・リーパ聖堂
   S. Francesco a Ripa
43 サン・ピエトロ・イン・モントリオ聖堂
   S. Pietro in Montorio
44 サン・イシードロ聖堂
   Sant Isidoro
45 サンタ・マリア・ソプラ・ミネルヴァ聖堂
   S. Maria Sopra Minerva
46 亀の噴水
   Fontana di Tartarughe

〈ボロミーニのローマを歩く〉
47 サン・カルロ・アレ・クアトロ・フォンターネ聖堂
   S. Carlo alle Quattro Fontana
48 サン・ジョヴァンニ・イン・ラテラノ大聖堂
   S. Giovanni in Laterano
49 オラトリオ・ディ・フィリッピーニ
   Oratorio e Palazzo dei Filippini
50 コレージョ・ディ・プロパガンダ・フィーデ
   Collegio di Propaganda Fide
51 サンタニェーゼ・イン・アゴーネ聖堂
   S. Agnese in Agone
52 サンティーヴォ・アラ・サピエンツァ聖堂
   S. Ivo Sapienza

Palazzo Barberini
58 サンティ・ルカ・エ・マルティーナ聖堂
   SS. Luca e Martina
59 サンタ・マリア・デラ・パーチェ聖堂
   S. Maria della Pace
60 サンタ・マリア・イン・ヴィア・ラータ聖堂
   S. Maria in Via Lata
61 キエーザ・ヌオーヴァ
   (サンタ・マリア・イン・ヴァリチェッラ聖堂)
   Chiesa Nuova
62 サンティニャーツィオ聖堂
   Sant Ignazio
63 サンティ・ドメニコ・エ・シスト聖堂
   Santi Domenico e Sisto
64 ポポロ広場
   Piazza del Popolo
65 サンタ・マリア・イン・カンピテッリ聖堂
   S. Maria in Campitelli
66 サンティ・ヴィンチェンツォ・エ・アナスタシオ聖堂
   Santi Vincenzo e Anastasio
67 サン・マルチェッロ・アル・コルソ聖堂
   S. Marcello al Corso

世界歴史の旅

宮下規久朗=著

イタリア・バロック
美術と建築

Heritage of
World History
Art and Architecture
of Italian Baroque

山川出版社

まえがき

　ヨーロッパはバロックの美に満ちあふれている。バロックは、西洋美術の中でももっとも西洋らしい芸術といわれ、西洋芸術のひとつの頂点、西洋文明の到達点を示すものであり、中世の要素を残しつつ近代の出発点を告げるものであった。静と動、光と影、聖と俗、生と死、理性と感情、信仰と科学といった相対立する要素が衝突・融合し、止揚されたダイナミックな美術。宗教改革の動乱で焰のように宗教美術が燃え盛ると同時に、近代科学と啓蒙主義がめばえていた矛盾した時代だからこそ生み出しえた文化であった。

　バロックは17世紀初めに教皇庁のあるローマで生まれ、イタリアで発展し、18世紀までにヨーロッパを席捲し、やはりローマで終焉を迎えた。イタリアに刻印された数々の文化様式の中で今なおもっとも目につくのがバロックにほかならない。しかしながら、わが国では、バロックはそれほど知名度や人気があるわけではなく、その大仰さや派手さから日本人の趣向には合わないとされることもあった。しかし、都市や建築と一体となったバロック美術の特質は、展覧会や画集では味わえないスケールの大きさと臨場感にこそ求められる。あらゆる美術にいえることだが、とくにバロック美術は身体全体、五感すべてで体験すべきものである。

　また、わが国が西洋と密に交流した安土桃山時代は、ちょうどバロックの出発点、つまりカトリック改革期にあたっており、日本の南蛮美術も、中南米・フィリピンのカトリック美術と同じ地平にある。各地に建てられた堂々たる天守閣は西洋建築の影響を受けたものといわれ、バロック建築の延長としてとらえることができる。バロックは、遠いようで近いのだ。

　バロックを思想的・概念的に論じた書物は数多いが、歴史的・総合的にとらえた適切な入門書や概説書はほとんどなく、旅行や美術のガイドブックでもバロックのモニュメントについて詳しく解説しているものは欧米にすらなかった。本書は初のイタリア・バロックの概説書にして、バロックを現地で味わうためのガイドブックである。都市別に教会、宮殿、美術館といった重要なモニュメントを記載するだけでなく、カラヴァッジョ、レーニ、ベルニーニ、ボロミーニといった際立った天才たちの成果をまとめて紹介し、実際に現地で見学に回ることを念頭において編集した。基本的に普通に見られるものに限ったが、滅多に見られないがとくに重要なものは例外的に記載した。また、同じ場所に、バロックではなくとも重要な美術作品がある場合は必ず言及した。

　イタリアでバロックのない都市はないといってよく、ミラノ、ボローニャ、フィレンツェなどにも注目すべきバロック美術があるが、紙数の都合から割愛し、ローマを中心にバロックが都市文化の中心的な顔となっている都市に絞った。同じ山川出版社から以前上梓した拙著『バロック美術の成立』（世界史リブレット、2003年）は、バロック美術の生成と発展の内在的原理について説いたものなので、あわせて読んでいただければ幸いである。

目次

第1章　バロックの土壌
1 バロックとは何か —— 6
2 カトリック改革のローマ —— 9
3 聖年という装置 —— 14
4 教皇権威の視覚化
　——サン・ピエトロ大聖堂 —— 16
　〈バロック前夜のローマを歩く〉 —— 20
　サンティ・ネレオ・エ・アキレオ聖堂/サント・スピリト・イン・サッシア聖堂/サント・ステファノ・ロトンド聖堂/オラトリオ・デル・ゴンファローネ/オラトリオ・デル・クロチフィッソ/スカラ・サンタ/サン・ヴィターレ聖堂/サンタ・プラッセーデ聖堂/イル・ジェズ聖堂/サンタ・スザンナ聖堂/サンタ・マリア・デリ・アンジェリ聖堂

トリノ、サンタ・マリア・ディ・ピアッツァ聖堂

第2章　ローマ・バロックの展開
1 カラヴァッジョの革新 —— 31
　〈カラヴァッジョのローマを歩く〉 —— 34
　サン・ルイジ・デイ・フランチェージ聖堂/サンタゴスティーノ聖堂/サンタ・マリア・デル・ポポロ聖堂/ドーリア・パンフィーリ美術館/カピトリーノ美術館/ボルゲーゼ美術館/コルシーニ美術館/サンタ・マリア・デラ・スカラ聖堂/ヴァチカン絵画館

2 アンニーバレ・カラッチとボローニャ派 —— 47
　〈カラッチとボローニャ派のローマを歩く〉 —— 50
　ファルネーゼ宮殿/サンタ・カテリーナ・デイ・フナーリ聖堂/サントノーフリオ・アル・ジャニコロ聖堂/コロンナ美術館/サンタ・チェチリア・イン・トラステヴェレ聖堂/クイリナーレ宮殿/サン・グレゴリオ・アル・マーニョ聖堂/サンタ・マリア・マッジョーレ聖堂/パラッツォ・ロスピリオージ・パラヴィチーニ/サンティッシマ・トリニタ・デイ・ペレグリーニ聖堂/サン・ロレンツォ・イン・ルチーナ聖堂/サンタ・マリア・デラ・コンチェツィオーネ聖堂/サンタンドレア・デラ・ヴァッレ聖堂/サン・カルロ・アイ・カティナーリ聖堂/サンタ・マリア・イン・トラステヴェレ聖堂/カジノ・ボンコンパーニ・ルドヴィシ/グロッタフェラータのサン・ニーロ修道院

3 ベルニーニの劇場 —— 68
　〈ベルニーニのローマを歩く〉 —— 71
　サンタ・ビビアーナ聖堂/サンタ・マリア・デラ・ヴィットーリア聖堂/サンタンドレア・アル・クイリナーレ聖堂/バルベリーニ広場/ナヴォーナ広場/サン・フランチェスコ・ア・リーパ聖堂/サン・ピエトロ・イン・モントーリオ聖堂/サン・イシードロ聖堂/サンタ・マリア・ソプラ・ミネルヴァ聖堂/亀の噴水

4 ボロミーニの奇想 —— 80
〈ボロミーニのローマを歩く〉—— 83

サン・カルロ・アレ・クアトロ・フォンターネ聖堂/サン・ジョヴァンニ・イン・ラテラノ大聖堂/オラトリオ・デイ・フィリッピーニ/コレージョ・ディ・プロパガンダ・フィーデ/サンタニェーゼ・イン・アゴーネ聖堂/サンティーヴォ・アラ・サピエンツァ聖堂/サンタンドレア・デレ・フラッテ聖堂/サン・ジョヴァンニ・デイ・フィオレンティーニ聖堂/サンタ・マリア・デイ・セッテ・ドローリ聖堂/スパーダ美術館（パラッツォ・スパーダ）

5 コルトーナとイリュージョニズム —— 91
〈コルトーナと盛期バロックのローマを歩く〉—— 95

バルベリーニ宮殿国立古代美術館/サンティ・ルカ・エ・マルティーナ聖堂/サンタ・マリア・デラ・パーチェ聖堂/サンタ・マリア・イン・ヴィア・ラータ聖堂/キエーザ・ヌオーヴァ（サンタ・マリア・イン・ヴァリチェッラ聖堂）/サンティニャーツィオ聖堂/サンティ・ドメニコ・エ・シスト聖堂/ポポロ広場/サンタ・マリア・イン・カンピテッリ聖堂/サンティ・ヴィンチェンツォ・エ・アナスタシオ聖堂/サン・マルチェッロ・アル・コルソ聖堂

ナポリ、サン・マルティーノ修道院、ランフランコの天井画

第3章　バロックの港

1 ナポリ —— 103
〈ナポリのバロックを歩く〉—— 106

ドゥオーモ/ピオ・モンテ・デラ・ミゼリコルディア聖堂/サンティ・アポストリ聖堂/サンタンナ・ディ・ロンバルディ聖堂/ジェズ・ヌオーヴォ聖堂/サンタ・キアーラ聖堂/サンセヴェーロ・デ・サングロ礼拝堂/サン・マルティーノ修道院（国立サン・マルティーノ美術館）/サンタ・マリア・デラ・ステラ聖堂/サンタ・マリア・ラ・ノーヴァ聖堂/パラッツォ・レアーレ/サンタ・テレサ・デリ・スカルツィ聖堂/サン・ディエゴ・アッロスペダレット聖堂/ピエタ・デイ・トゥルキーニ聖堂/カポディモンテ美術館/パラッツォ・サンフェリーチェ/ダンテ広場

ナポリ、ドゥオーモ、リベラの絵画

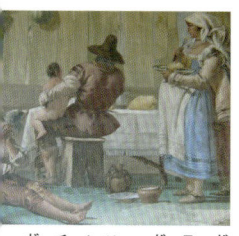

2 ジェノヴァ —— 117
〈ジェノヴァのバロックを歩く〉—— 119

パラッツォ・ニコロジオ・ロメッリーノ/サン・ルカ聖堂/サンタンブロージョ聖堂/パラッツォ・デッルニヴェルシタ（ジェノヴァ大学）/サンタ・マリア・アッスンタ・イン・カリニャーノ聖堂/サンティッシマ・アヌンツィアータ・デル・ヴァスタート聖堂/パラッツォ・レアーレ/スピノラ宮国立美術館/パラッツォ・ロッソ/パラッツォ・ビアンコ

3 ヴェネツィア —— 129
〈ヴェネツィアのバロックを歩く〉—— 132

ジェズアーティ聖堂/サンタ・マリア・デラ・サルーテ聖堂/カ・ペーザロ/カ・レッツォーニコ/サンタ・マリア・デル・ジーリオ聖堂/スクオーラ・グランデ・デイ・カルミニ/サン・パンタロン聖堂/パラッツォ・ラビア/サンタ・マリア・ディ・ピエタ聖堂/サンティ・ジョヴァンニ・エ・パオロ聖堂/ヴィチェンツァのヴィラ・ヴァルマラーナ

ヴィチェンツァ、ヴィラ・ヴァルマラーナ、ジャンドメニコ・ティエポロ《農民の食事》

4 トリノ —— 140
〈トリノのバロックを歩く〉—— 143

サン・ロレンツォ聖堂/サント・シンドーネ聖堂/スペルガ聖堂/サンティ・マルティーリ聖堂/サンタ・マリア・ディ・ピアッツァ聖堂/パラッツォ・カリニャーノ/パラッツォ・マダマ/サンタ・クリスティーナ聖堂/カルミネ聖堂/サンティッシマ・トリニタ聖堂/ストゥピニージ宮殿/サン・フィリッポ・ネリ聖堂/パラッツォ・レアーレ/サバウダ美術館

パレルモ、サンタ・チータ礼拝堂、セルポッタ《レパントの海戦》浮彫

5 パレルモ —— 148
〈パレルモのバロックを歩く〉—— 151

クアトロ・カンティ/プレトーリアの噴水/サンタ・カテリーナ聖堂/イル・ジェズ聖堂/マルトラーナ聖堂/サン・ロレンツォ礼拝堂/サン・フランチェスコ・ダッシジ聖堂/ピエタ聖堂/サンタ・チータ礼拝堂/ロザリオ・イン・サン・ドメニコ礼拝堂/サンタ・マリア・イン・ヴァルヴェルデ聖堂/ラ・ガンチャ/サンタ・テレサ聖堂/サン・ジョルジョ・デイ・ジェノヴェージ聖堂/シチリア州立美術館

〈その他のバロックを歩く〉—— 159

〈レッチェ〉—— 159
〈シラクーザ〉—— 160
〈メッシーナ〉—— 161
〈ラグーザ〉—— 162
〈モディカ〉—— 164
〈ノート〉—— 164

パレルモ、サンタ・マリア・イン・ヴァルヴェルデ聖堂

●人物コラム

ミケランジェロ・メリージ・ダ・カラヴァッジョ——34
アンニーバレ・カラッチ——50
グイド・レーニ——53
ドメニキーノ(ドメニコ・ザンピエーリ)——62
ジャンロレンツォ・ベルニーニ——71
フランチェスコ・ボロミーニ——83
ピエトロ・ダ・コルトーナ(ピエトロ・ベレッティーニ)——95
バッティステッロ・カラッチョロ——110
ジュゼッペ・デ・リベラ——114
ベルナルド・ストロッツィ——120
ジャンバッティスタ・ティエポロ——132
グアリーノ・グアリーニ——143
フィリッポ・ユヴァッラ——147
ジャコモ・セルポッタ——154

● 参考文献/索引

世界歴史の旅
イタリア・バロック

サン・カルロ・アレ・クアトロ・フォンターネ聖堂天井

第1章　バロックの土壌

1 バロックとは何か

　ポルトガル語で「歪んだ真珠」を表す「バロック」は、端正で調和のとれた古典主義に対して、動的で劇的な様式を指す。この概念が登場したのは18世紀だが、長らくバロックは奇異で悪趣味なものと否定的な意味で用いられていた。ところが、20世紀の美意識は歪んだ真珠のうちにも、完全な形ではないが歪むことによって乱反射する、独自の美しさを見出し、バロックを積極的に評価したのである。不定形には、きっちりとした形のもつ安定感や完成度はないが、深みや動感があり、人を惹きつけるものがあるのだ。

　バロックとは、このような様式の概念であると同時に、西洋の17世紀美術全般を指す時代概念でもある。17世紀という時代は、近代の幕開けを告げ、人間中心の世界観がめばえたルネサンスと、啓蒙主義や革命の起こった18・19世紀との間に位置しており、近代と前近代、科学と宗教とが同居する矛盾した時代であった。絶対王政による強力な中央集権をもった国民国家が成立して領土を拡張しようとすると同時に、カトリックが宗教的熱情によって世界に布教し、プロテスタントが合理的な市民社会や資本主義の萌芽を生み出した時代である。美術はこれらすべての要素と結びつき、絶対王政のきらびやかさ、カトリックの神秘性、市民社会の現実性を反映し、多彩にして複雑、矛盾と多様性を含んだ美術となった。人間が万物の中心であった16世紀のルネサンスでは、円形や正方形のような完全な形体と調和のとれた美が追求されたが、17世紀には、中世のように超越的な神や絶対的な王権が称揚され、調和よりもダイナミックで劇場的な美が好まれたのである。

　バロックの始まりと円熟の舞台はイタリア、とくにローマであった。ローマで起こったバロック美術はすぐにヨーロッパ中に広がり、さらにその成果は宣教師の船に乗ってアフリカ、アメリカ、アジアに達した。ルネサンス美術が、都市の

右頁　アンドレア・ポッツォ、サンティニャーツィオ聖堂天井画

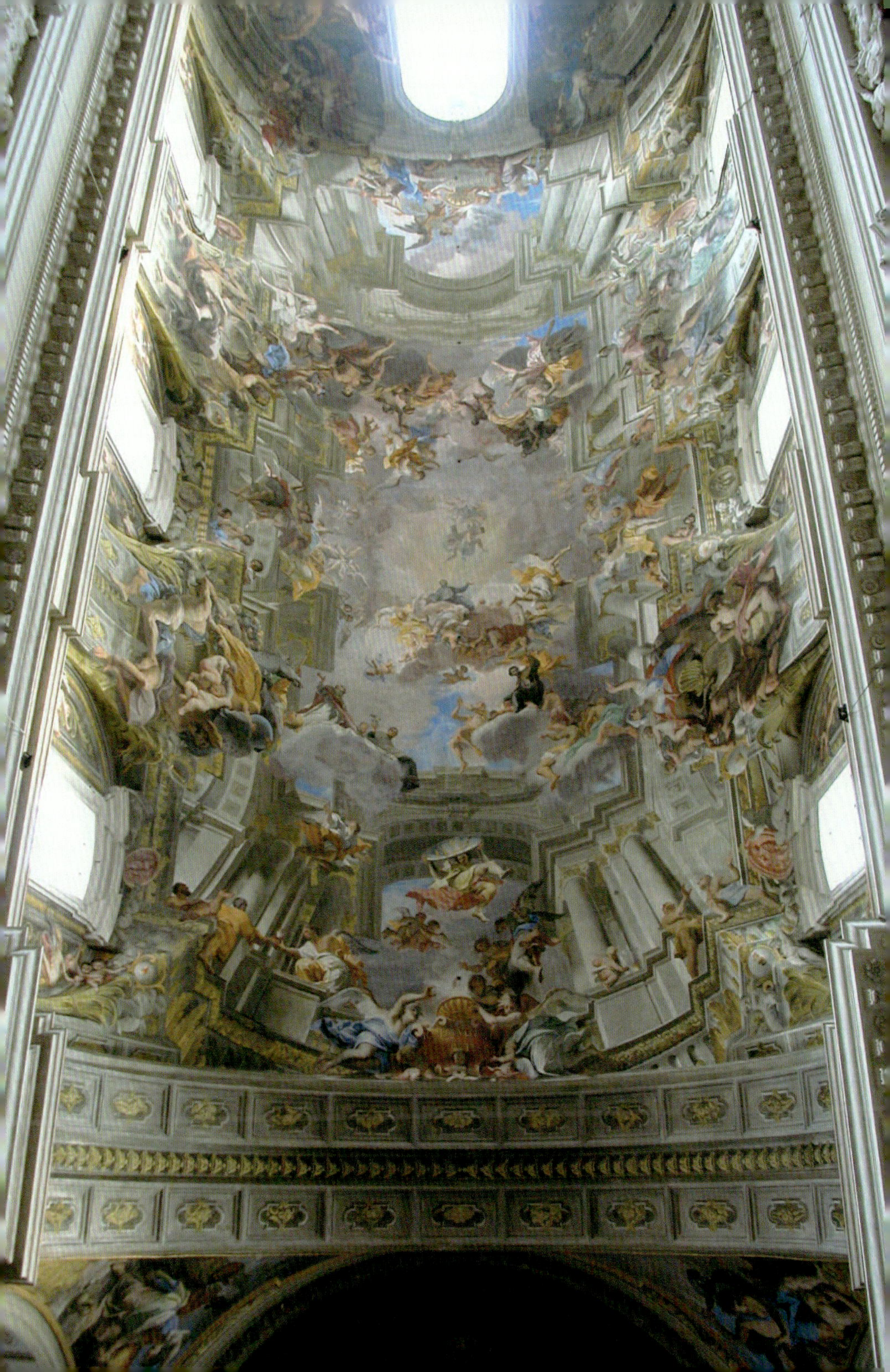

洗練された宮廷で閉じた世界で自足していたのに対し、バロック美術は当初から外に拡張する運動性をはらんでいたのである。聖性と俗性、貴族性と庶民性、西欧性と非西欧性という相反する性格をあわせもち、開放性と普遍性に富んだ様式であった。その意味でバロック美術は、ヘレニズムやゴシック、そしてモダニズムと同じく、国際的な美術様式であると同時に、西洋がもっとも輝いた時代の、もっとも西洋らしい美術であるといわれている。

　イタリアは、百年以上にわたってヨーロッパ世界を風靡したバロック美術の中心であり続け、バロックのみごとな成果が今も旅人を魅了してやまない。本書は、ローマを中心とするイタリア・バロックの歴史と主要な作品やモニュメントを概観していきたい。バロックは17世紀という時代様式であると述べたが、バロックの萌芽は16世紀後半に見られ、この時代が決定的な意味をもっているため、本書ではそこから話を始めよう。

ヴァチカン宮殿システィーナ図書館

2 カトリック改革のローマ

　16世紀以降、教会は「ローマの」カトリックと自己規定し、永遠の都ローマをキリスト教世界の中心地に定めた。その結果、ローマはたんなる教皇居住地としてのみならず、カトリックの首都としての威容を整え、光彩を放ち始めた。しかし、16世紀初頭、ルネサンスが終焉を迎えるとともに衰退した。

　16世紀初頭、イタリア半島自体が政治・経済・精神的に危機に見舞われたこともあるが、とくに1527年には神聖ローマ皇帝カール5世のドイツ軍がローマを略奪する「ローマ劫略」はローマを一気に衰退させた。この混乱によってローマからは有能な芸術家が逃亡し、ラファエロが1520年に早世していたこともあって、文化的に停滞してしまった。また、1517年にルターによって開始された宗教改革は、教皇権からの離脱を求めるドイツ諸侯たちに歓迎され、ローマ教皇の地位を相対的に低下させた。同時に、コペルニクスに始まる地動説は従来の世界観を揺るがし始め、既成の宗教と世界観への疑念が起こったのである。

　このように、16世紀は精神的な危機の時代となり、こうした精神風土の中からルネサンス芸術の仇花のようなマニエリスム芸術が生まれた。マニエリスムは、ミケランジェロやラファエロといったルネサンスの巨匠の芸術を「型」として用い、それを奇妙に引き伸ばしたり歪めたり、描写技術を誇示したりすることで、宮廷的・貴族的な洗練を示すものであった。それもやがて形骸化し、後期マニエリスムと呼ばれる様式には、創意や個性も見られなくなった。後期マニエリスムは画家による様式の差が小さく、作者の個性を見極めるのが困難だが、制作された作品の量は膨大であり、17世紀初頭までのローマ画壇はきわめて複雑で混沌とした様相を呈した。

　ローマが息を吹き返すのは、1563年に終わったトレント公会議でカトリックの正統性が確認され、新たな宗教的情熱に燃えたイエズス会などの新教団が活発な布教に乗り出す、カトリック改革（反宗教改革、対抗宗教改革ともいう）によってであった。そこでは、プロテスタントが偶像崇拝として排撃し

ジュヴァンニ・デ・ヴェッキ《十字架を発見する聖ヘレナ》オラトリオ・デル・クロチフィッソ　ローマの後期マニエリスムを代表する画家デ・ヴェッキの壁画。

ダルピーノ《無原罪の御宿り》マドリード、サン・フェルナンド・アカデミー　この主題は、カトリック改革後に流行し、とくにスペインで人気を博した。

右頁　イル・ジェズ聖堂ザビエル祭壇　全体はピエトロ・ダ・コルトーナの設計。祭壇にはカルロ・マラッタによる《ザビエルの死》がある。中央には、死んでも腐らなかったというザビエルの右手が設置されている。インドのゴアには右手のないザビエルの遺体がある。

た聖画像のもつ力が再認識され、それを従来よりも積極的に用いることが決議された。プロテスタント圏では、宗教美術が偶像とみなされて破壊されたのだが、カトリック側はこれを逆手にとって、美術を布教と信仰のもっとも有力な具としてお墨付きを与えたのである。

　美術は民衆に信仰心を起こすべきものでなければならないとされたため、技巧を誇示して自然らしさからかけ離れ、あるいは難解な象徴や寓意を駆使していたマニエリスムの芸術が非難され、観者の心に直接訴えかけるような写実的で明快、ときに感傷的な様式が称揚されたのである。それと同時に、異教的、あるいは教義を逸脱している図像が厳しく排斥され、従来の宗教図像が整理されるとともに、新たな図像が創出された。それらの多くはプロテスタントが攻撃した教義に関わるもので、聖母や聖人、秘蹟や典礼に関わる図像であった。聖母マリアが人間でありながら原罪をまぬがれているという「無原罪の御宿り」や「ロザリオの聖母」「とりなしの聖母」などはその最たるものである。また、やはりプロテスタントが伝説であると非難した殉教聖人伝についても、折よく1578年にローマでカタコンベが発掘されると、次々に禁教時代の遺構が発掘され、伝説として語り伝えられていた初期キリスト教時代の事績が歴史的に証明されるにいたった。イエズス会と並ぶカトリック宗教改革の推進教団、オラトリオ会を中心に初期の教会史が編纂されて殉教聖人が顕彰され、さかんに表現された。殉教聖人を見直すこうした傾向は、ちょうどこの頃、新教国やアジア・アフリカで伝道したイエズス会の殉教者と重なり、殉教という主題を流行させた。

　フィリッポ・ネリによるこのオラトリオ会、イグナティウス・デ・ロヨラとフランシスコ・ザビエルによるイエズス会、カエタヌスによるテアティノ会、アビラの聖テレサによる跣足カルメル会など、カトリック改革を推進するような新教団が次々に設立・認可された。1540年に公認され、カトリック改革の推進母体となったイエズス会のイグナティウス・デ・ロヨラによる『霊操』では、キリストが地上でおこなったすべてのことは、神の神秘を啓示するためのものであり、キリ

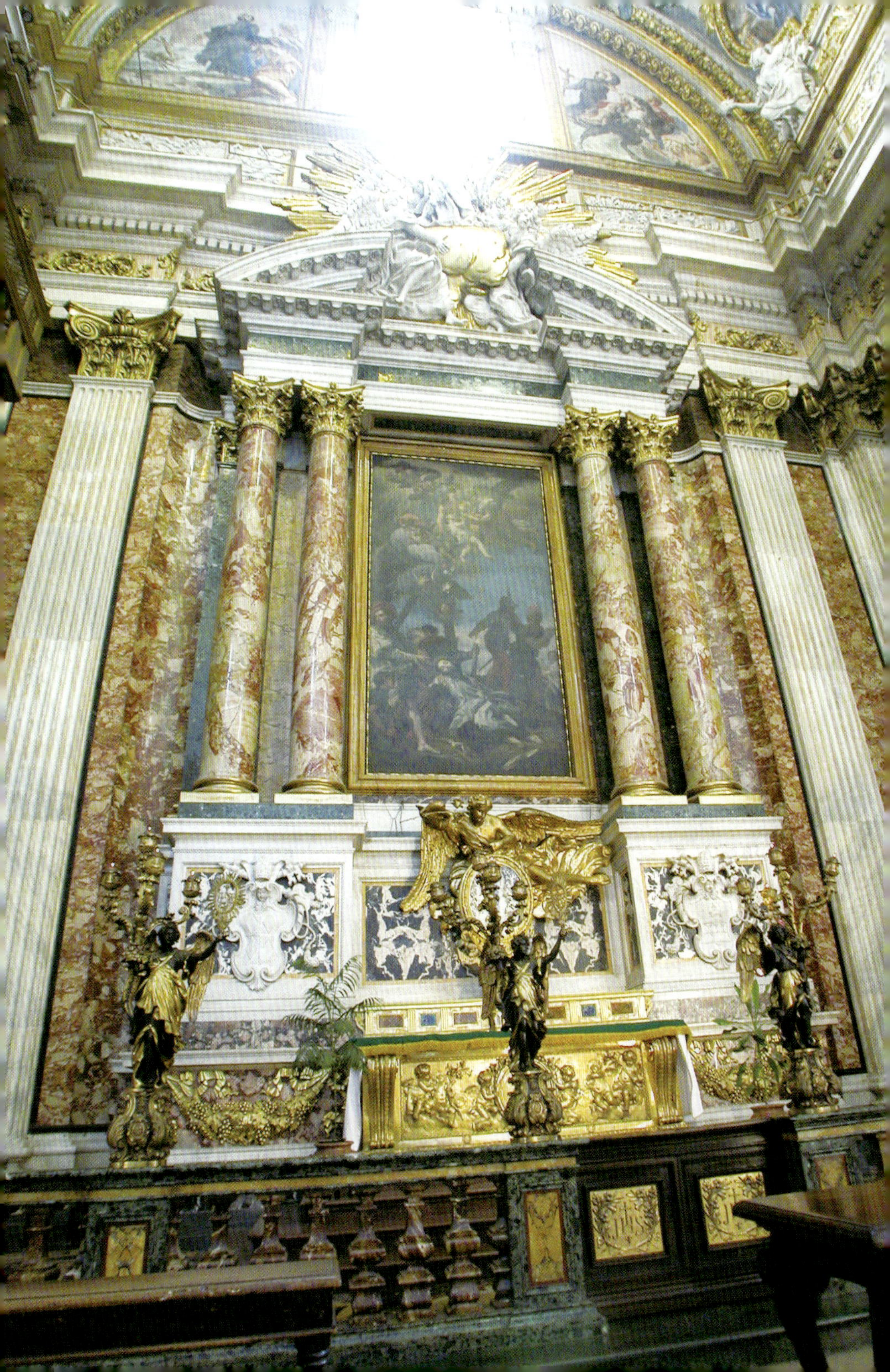

ヴァチカン宮殿システィーナ図書館壁画《シクストゥス5世即位行進図》 1585年にローマに到着した天正遣欧使節はシクストゥス5世の即位式に参列した。中央の列の右の方に白馬に乗る四人の少年使節が描かれている。

ヴァチカン宮殿システィーナ図書館壁画《オベリスク建立》 シクストゥス5世は腹心の建築家ドメニコ・フォンターナに命じてサン・ピエトロ大聖堂前に巨大なオベリスクを建てさせた。

スト者はキリストに倣うことが求められ、キリストの生涯を、自ら観想によって体験すべきであるとした。つまりキリスト伝を視覚的にイメージすることを奨励し、「場への瞑想」を重視したものであったが、フェデリコ・ボロメオやルイス・デ・グラナダによっても、五感を集中させることを基本とする祈りの方法を示した手引書が著された。聖なるイメージを瞑想することの有用性と、感情と想像力の昂揚を奨励したこうした実践的な信仰形態と神秘思想は、必然的に美術の役割を強化し、それを写実的で再現的な性格に方向づけていったのである。

イエズス会の本山イル・ジェズ聖堂(1584年建立、→p.26)やオラトリオ会の本山キエーザ・ヌオーヴァ(サンタ・マリア・イン・ヴァリチェッラ聖堂、1599年建立、→p.99)は、カトリック改革の美術装飾の規範を示すことになった。これらの教団も教皇庁も美術を積極的に利用し、布教と信仰の有力な手段とした。

デラ・ポルタ、イル・ジェズ聖堂ファサード

　1549年にザビエルによってキリスト教が伝えられてから日本にも多くの聖画像がもたらされ、日本人の画家によってさかんに模写されたように、この時期のキリスト教美術はアフリカ、インド、中国、アメリカなど世界中に伝播したのである。
　カトリック改革によってローマでは一種の建設ラッシュが起こり、16世紀だけで、54の教会、600のパラッツォ、20のヴィラ、30本の道路、3本の幹線水道が建設されたという。シクストゥス5世の大規模な都市改造から、壮大なサン・ピエトロ広場を作らせたアレクサンデル7世まで、教皇たちによって整備された街路や広場、噴水などによって、ローマは新たなバロック都市として力強く蘇り、カトリック世界の壮大な展示場になったのである。そして、カトリック改革の運動が与えた宗教的・精神的な昂揚感や数々の大規模な事業が美術を活性化させ、バロックという美術史上もっとも多産で爛熟した黄金時代への道を拓いたのである。

3 聖年という装置

　この舞台を引き立たせたのが、25年に一度おこなわれた聖年(ジュビレオ)である。この年にローマに巡礼して七大教会でミサに参加すれば全贖宥を得られるという1300年以来のこのキャンペーンは、おびただしい巡礼者をローマに集めるのに成功した。カトリック改革の気運の中で催された数回の聖年の頃には、巡礼たちに聖地ローマの威光を印象づけるため、聖年のたびごとに大規模な造営・装飾事業が盛んになった。

　中世以降のローマ美術の変遷は、この25年ごとの聖年を区切りにしてとらえることができる。聖年には、教皇や枢機卿、貴族たちが多くの芸術家をローマに招いて大規模な建設事業や装飾事業をおこなったため、聖年ごとに記念碑的な作品や様式の刷新が見られるのである。ルネサンス芸術の中心地がフィレンツェからローマに移ったのは、1450年のニコラウス5世から1550年のユリウス2世の聖年にいたる数回の聖年で、トスカーナやウンブリアの優れた芸術家が活躍したことによる。16世紀半ばに沈滞していたローマも、16世紀後半にはあたかもカトリック改革のキャンペーンのように大々的に聖年を祝い、数回の聖年を機に新たなバロック都市として力強く蘇ったのである。

　1585年に即位したシクストゥス5世は、教皇史上もっとも精力的で野心的な人物であり、わずか5年の在位期間に、政治的・経済的な秩序を回復すると同時に教皇庁の機構を改革し、斬新な都市計画によってローマの街並みを一変させた。彼は巡礼者の便をはかり、ローマの七大教会を広い直線道路で結び、それぞれの聖堂の前の広場にオベリスクを建てて道標としようとした。その成果は、1587年に定められた特別聖年の際に巡礼者に披露されたが、この「シクストゥス改革」によって生まれ変わった都市ローマは、「教会の勝利」を高らかに宣言し、キリスト教世界の中心としての壮麗さを帯び始めた。ちなみに1585年にローマに着いたわが国の天正遣欧使節が謁見したのもこの教皇であり、四人の少年使節の姿は、シクストゥス5世が装飾させたヴァチカン宮のシスティ

七大教会図

アルベルティ兄弟による天井画、サラ・クレメンティーナ

サン・ジョヴァンニ・イン・ラテラノ大聖堂交差部壁画(→p.84)

ーナ図書館の壁画(→p.12)のうちに見ることができる。

　続くクレメンス8世による1600年の聖年では、100万人を超す巡礼者を集めたというが、カトリック改革の成功を祝すかのように盛大な造営や装飾事業が見られ、とくに美術の点で大きな転機となった。初期キリスト教時代の文化と歴史が見直される中で、多くの古刹が改修・再装飾され、また新しい教会も次々に建設された。こうした大規模な事業は多くの芸術家を必要とし、これを目当てに西欧各地からおびただしい芸術家がローマに集まってきた。そして、様々な伝統を背負った芸術家が競合し混交することで、様式上の革新も生まれたのである。クレメンス8世は、ヴァチカン宮殿の「サラ・クレメンティーナ」に教皇庁の勝利を謳歌するような天井画をジョヴァンニとケルビーノのアルベルティ兄弟に描かせたが、のちのイリュージョニスティックな天井画の嚆矢となったこの大画面には、もはやカトリック改革の闘争的な熱意はなく、祝祭的な華やかさが顕著である。また、この頃大きな工房を率いて方々の壁面に筆をふるった人気画家はカヴァリエール・ダルピーノだが、彼の様式も明るく華やかな装飾性に満ちている。甘美で親しみやすい彼の作品はカトリック改

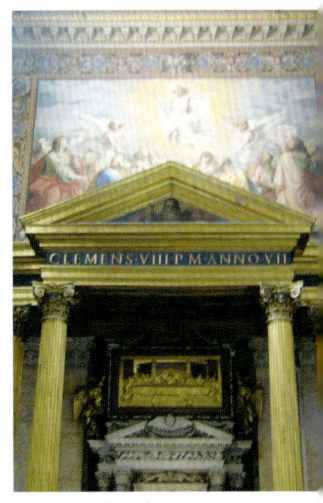

ダルピーノ《昇天》サン・ジョヴァンニ・イン・ラテラノ大聖堂

第1章　バロックの土壌　15

革の成功を祝しているようだが、やはり絵空事っぽい空虚さがつきまとい、深みに欠けていた。ローマという巨大な舞台は新たな天才の出現を待っていたのである。

4 教皇権威の視覚化──サン・ピエトロ大聖堂

　カトリック改革とバロックの精神をもっともよく具現し、教皇と教皇庁の正統性を象徴する最大のモニュメントが、サン・ピエトロ大聖堂である。1502年、ユリウス2世は、コンスタンティヌス大帝が建てた五廊式のバシリカを破壊し、ブラマンテに命じて新聖堂を着工させた。その後ジュリアーノ・ダ・サンガッロのプランに変更し、ミケランジェロがふたたび集中式のプランを試みるなど紆余曲折を経て、1590年にやっとミケランジェロ設計の円屋根が完成した。この新たなサン・ピエトロ聖堂は、幾多のプラン変更を経てなおルネサンス的な均整と調和を示すものであった。

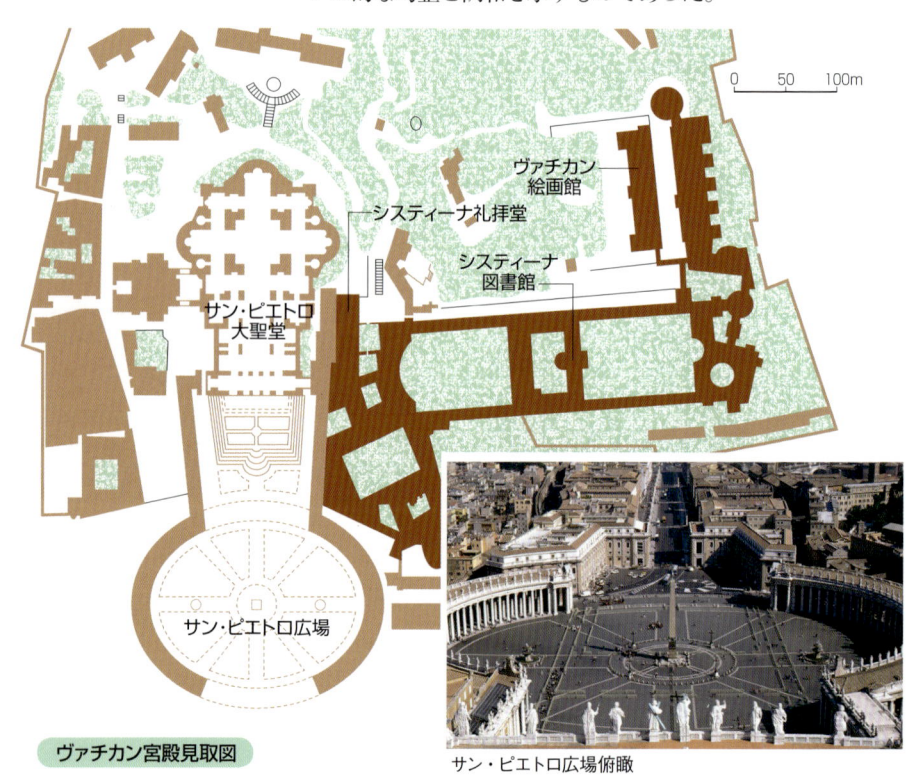

ヴァチカン宮殿見取図

サン・ピエトロ広場俯瞰

サン・ピエトロ大聖堂広場

　1586年、シクストゥス5世がドメニコ・フォンターナ(1543〜1607)に命じて巨大なオベリスクを聖堂前の広場に移動させて打ち立て(→p.13)、以後17世紀の教皇は巨費を投じてサン・ピエトロ大聖堂とヴァチカン宮殿を壮麗化していった。1612年、パウルス5世の命により、カルロ・マデルノが列柱のそびえる巨大なファサードを完成させた。身廊が引き伸ばされて長堂式となった大聖堂の前に立つとミケランジェロのドームが見えなくなってしまったが、ファサードは堂々とした威圧感を与えるものであり、その二階部分には教皇が祝福するロッジアが設けられていた。マデルノは1603年にサンタ・スザンナ聖堂(→p.29)のファサードを建設したが、これは新時代の幕開けを告げる建築として、以後世界中の聖堂建築の範となった。基本的にはヴィニョーラとジャコモ・デラ・ポルタによる荘重なイル・ジェズ聖堂を継承発展させたものであるが、中央に向かって柱間や装飾が集中していき、垂直

ベルニーニ、サン・ピエトロ大聖堂バルダッキーノ

第1章　バロックの土壌　17

サン・ピエトロ大聖堂内部

ベルニーニ、スカラ・レジア

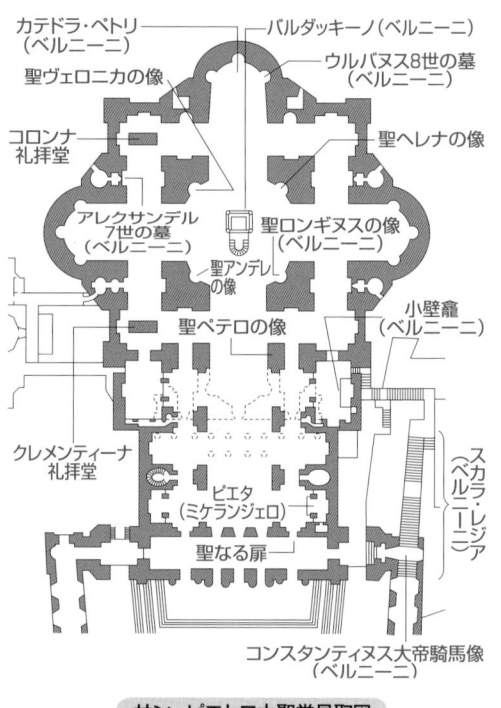

```
カテドラ・ペトリ ─── バルダッキーノ（ベルニーニ）
（ベルニーニ）
聖ヴェロニカの像 ─── ウルバヌス8世の墓
                    （ベルニーニ）
コロンナ
礼拝堂 ─── 聖ヘレナの像

アレクサンデル ─── 聖ロンギヌスの像
7世の墓         （ベルニーニ）
（ベルニーニ）
        聖アンデレ
          の像
                      小壁龕
                    （ベルニーニ）
        聖ペテロの像
クレメンティーナ                スカラ・
礼拝堂                       レジア
                            （ベル
        ピエタ                ニーニ）
      （ミケランジェロ）

        聖なる扉

      コンスタンティヌス大帝騎馬像
            （ベルニーニ）
```

サン・ピエトロ大聖堂見取図

と水平の明快な構造にダイナミックな躍動感を与えている。

　1623年に即位したウルバヌス8世の治世下ではサン・ピエトロの造営はやむことがなく、ほぼ毎年、新たな事業が開始された。こうした事業のほとんどすべてを託されたのがジャンロレンツォ・ベルニーニ（→p.71）である。当初ボルゲーゼ家の庇護を受けて彫刻を作っていたベルニーニは、ウルバヌス8世が就任するとすぐに、大聖堂の交差部に位置する主祭壇を覆う巨大なバルダッキーノ（天蓋）の制作を命じられた。1633年、ベルニーニは、4本の巨大なねじれたブロンズの円柱に支えられた建造物を完成させ、ドームの下の交差部一帯すべてを教皇の墓廟とともに再編した。その後、アレクサンデル7世は事業を最大限の力で継続させ、ベルニーニは後陣を飾る豪華なカテドラ・ペトリ（聖ペテロ司教座）を作った。その結果、大聖堂に入るや中央に巨大なバルダッキーノが見え、身廊を進むと豊かに装飾されたバルダッキーノの円柱の間か

ら光に満ちた壮麗な司教座を望むことができるというように、身廊の長軸に沿って徐々に神と教皇の栄光に近づくという動線が完成したのである。さらにベルニーニは大聖堂とヴァチカン宮殿を結ぶ堂々たるスカラ・レジアを建設する一方、1656年から67年にかけて大聖堂前の広大な空間に巨大な二層のコロネード(列柱廊)に囲まれた広場を設計した。この広場は、信者を迎え入れる母なる教会の手を示しており、ベルニーニ自身の説明によれば、「カトリック信者を抱擁してその信仰を強化せしめ、異端者を教会に帰順せしめ、不信者を真の信仰によって啓発する」空間であった。またそれは、二階のロッジアから姿を見せて「ローマと世界に(urbi et orbi)」祝福する教皇をもっとも際立たせ、人々に印象づける巨大な劇場でもあった。ベルニーニの一連の仕事によって、サン・ピエトロ大聖堂は、キリスト教世界の中心としての教皇庁の威厳と権威をアピールする一大モニュメントに変貌したのである。

ベルニーニ、サン・ピエトロ大聖堂カテドラ・ペトリ

第1章 バロックの土壌 19

バロック前夜のローマを歩く

サンティ・ネレオ・エ・アキレオ聖堂

　カラカラ浴場の横にあるこの小さな聖堂は4世紀以前に建てられた。814年にレオ3世が修復し、勝利門のモザイクが制作された。カトリック改革期の古刹改修運動の中で1597年、オラトリオ会のチェーザレ・バロニオ枢機卿が1600年の聖年に備えて改修した。

　著名な十二使徒殉教図は作者不詳の民衆的な画家の手になり、直截な残虐表現が興味深い殉教図サイクルの作例である。この壁画は様式的にバロニオ以前の16世紀半ばに遡るものであろう。バロニオが指示した装飾は内陣と身廊などの壁画であり、聖

サンティ・ネレオ・エ・アキレオ聖堂外観

ネレウス、アキレウス、ドミテッラの殉教伝を描いたものだが、作者はジローラモ・マッセイに帰属されている。主祭壇画はクリストファノ・ロンカッリによる《聖ネレウス、アキレウス、ドミテッラ》、右側にある祭壇画はドゥランテ・アルベルティによる《ヴァリチェッラの聖母》である。いずれの作品も同じオラトリオ会のキエー

サンティ・ネレオ・エ・アキレオ聖堂内部

内部は16世紀末のカトリック改革期の典型的な装飾を示しており、リヴィオ・アグレスティ、マルコ・ピーノ、ジュゼッペ・ヴァレリアーノ、チェーザレ・ネッビアといったマニエリスムの画家たちが腕をふるっている。とくに内陣の壁画、アプスの《栄光のキリスト》とその下の聖人と信者たちの壁画のほか、右側一番目のトルファ礼拝堂の壁画と祭壇画《ペンテコステ》など多くの装飾がヤコポ・ズッキの手によるものである。内陣の壁画は1582年に着手され、1590年頃にチェーザレ・コンティによって完成された。

ズッキはフィレンツェ出身のマニエリスムの画家で、16世紀末のローマで多くの作品を残し、その明るく色鮮やかで優美な作風はバロックを先駆した。サン・ジョヴァンニ・デコラート聖堂の《洗礼者ヨハネの誕生》やボルゲーゼ美術館の《サンゴ獲り》のほかパラッツォ・ルチェッライ・ルスポリの大広間の壮大な天井画（1585頃）が重要である。

サンティ・ネレオ・エ・アキレオ聖堂 十二使徒殉教図、《聖パウロの殉教》（上）、《聖シモンの殉教》（下）

ザ・ヌオーヴァにあるルーベンスによる主祭壇画に影響している。内陣にある説教壇はカラカラ浴場の石を切り出して作られたものである。

サント・スピリト・イン・サッシア聖堂

ヴァチカンにほど近いこの聖堂は8世紀にはすでに建っており、12世紀に改修され、シクストゥス4世が1475年の聖年に備えて病院を併設した。パウルス3世がアントニオ・ダ・サンガッロに改修させ、シクストゥス5世のときにオッタヴィアーノ・マスケリーノによるファサードが完成した。

サント・ステファノ・ロトンド聖堂

5世紀の教皇シンプリキウスがエルサレムの聖墳墓教会を模して2世紀のミトラ教

サント・ステファノ・ロトンド聖堂内部

第1章 バロックの土壌

ニコロ・チルチニャーニによる初期キリスト教時代の殉教場面、サント・ステファノ・ロトンド聖堂

の神殿の上に建てたローマ最古の円形聖堂。建造は6世紀まで続けられ、12世紀のイノケンティウス12世が入口の柱廊と内部のアーチ三つを付け加えた。聖堂の床下からは古代のモザイクが発掘されている。カトリック改革の熱心な推進者グレゴリウス13世の時代にイエズス会の管轄となり、ハンガリー・ドイツ・コレジオとなって修練士の養成機関となった。

1583年から84年に周歩廊の外周壁にニコロ・チルチニャーニによって初期キリスト教時代の殉教場面が描かれた。これはイエズス会士ミケーレ・ラウレターノの図像プログラムによるものであり、キリストの磔刑からディオクレティアヌス帝による最後の大弾圧にいたる31点のなまなましい殉教図である。ひとつの画面には複数の殉教場面が表現されてアルファベットが振られ、画面の下にはラテン語とイタリア語でその説明が記されている。チルチニャーニはポマランチョとも呼ばれ、筆が早くて画料も安かったため、貧しかったイエズス会に雇われた多作な画家だが、むごたらしい殉教図を図解的に描くのに適していた。この聖堂のほかにもサンタポリナーレ聖堂とサン・トンマーゾ・ディ・カンタベリー聖堂に殉教図サイクルを描いたが、いずれも現存していない。背景の風景はマッテオ・ダ・シエナの手によるものであり、堂内のサンティ・プリモ・エ・フェリチアーノ礼拝堂にはアントニオ・テンペスタによって聖プリムスとフェリシアヌスの殉教伝と《嬰児虐殺》《聖母の七つの悲しみ》が描かれている。ここに所属した修練士たちは日夜これらの殉教図を目にして、将来の殉教への恐怖を克服したのである。その直截でなまなましい表現はカラヴァッジョの写実主義を準備したといえよう。

初期キリスト教時代の最大の円形聖堂であるだけでなく、カトリック改革期特有の殉教図サイクルがそのまま残っている点できわめて重要な聖堂である。

オラトリオ・デル・ゴンファローネ

1544年から47年にかけて建てられたこの聖堂には、1572年から75年にかけて

フェデリコ・ズッカリ《キリストの笞打ち》オラトリオ・デル・ゴンファローネ

スカラ・サンタ　膝をついて聖なる階段を登る人々

キリストの受難伝が壁面いっぱいに描かれた。描いたのはフェデリコ・ズッカリ、リヴィオ・アグレスティ、チェーザレ・ネッビア、ラファエリーノ・ダ・レッジョ、マッテオ・ダ・レッチェ、マルコ・ピーノ、ベルトイヤであり、ローマにおけるマニエリスムの壮大な展示場となっている。最近修復されて鮮やかな色彩が蘇った。

オラトリオ・デル・クロチフィッソ

ジャコモ・デラ・ポルタによる建築で、1568年にファサードが作られた。堂内には、1579年から89年にかけてジョヴァンニ・デ・ヴェッキ、チェーザレ・ネッビア、ニコロ・チルチニャーニによって《聖十字架伝》や、パリス・ノガーリとバルダッサーレ・クローチェによって会の歴史に関する場面が描かれている。オラトリオ・デル・ゴンファローネのややあとの、バロック前夜のローマ画壇の様相を見ることができる。この時代の文化の見直しの気運の中で最近修復された (→ p.9)。

スカラ・サンタ

サン・ジョヴァンニ・イン・ラテラノ大聖堂からラテラノ広場をはさんで向かいに聖なる階段（スカラ・サンタ）がある。これはキリストが登ったピラトの宮殿の階段をコンスタンティヌスの母ヘレナがローマにもたらしたものと伝えられるが、1589年にシクストゥス5世はこれを覆う建物をドメニコ・フォンターナに建造させた。

聖なる階段を中心に三つの階段が伸びる壁面と天井には、旧約と新約の諸場面が描かれた一大フレスコ連作である。ジョヴァンニ・バッティスタ・リッチ、パリス・ノ

アンドレア・コンモーディ《十字架の道行き》サン・ヴィターレ聖堂アプス

ガーリ、バルダッサーレ・クローチェ、ヴィンチェンツォ・コンティ、ジョヴァンニ・バリオーネ、パウル・ブリル、ジャコモ・ステッラなど動員された膨大な「シクストゥス5世の画家たち」は、その様式が近似し、その個性と分担を見分けるのは困難である。これらの壁画を見ながら、他の信者と同じように膝をついて一段ずつ聖なる階段を上がることをお勧めしたい。今も生き続けるカトリック信仰のさなかに分け入ることができ、忘れがたい貴重な体験となるはずである。

サン・ヴィターレ聖堂

　ナツィオナーレ通りにあるこの古刹は412年にイノケンティウス1世によって建てられ、8〜9世紀のレオ3世と15世紀のシクストゥス4世によって修復・改修された。1598年にクレメンス8世がイエズス

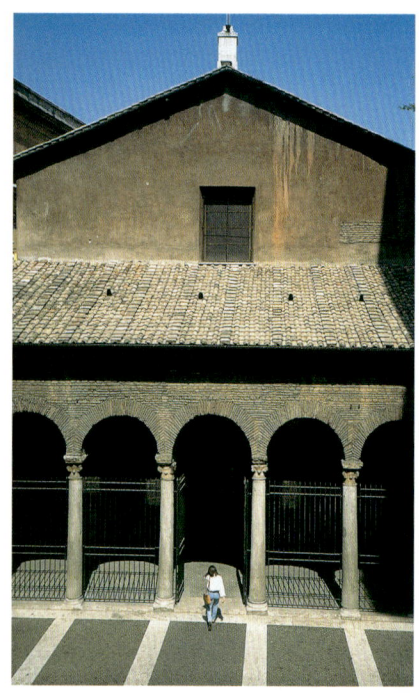

サン・ヴィターレ聖堂外観

カヴァリエール・ダルピーノによる天井画　サンタ・プラッセーデ聖堂、オルジャーティ礼拝堂　1590年代に全盛を極めたダルピーノの代表作。若きカラヴァッジョもわずかな期間彼の工房で働いていた。

会に譲渡し、イエズス会は裏手にあるサンタンドレア・アル・クイリナーレ聖堂とともに1603年までに改修した。1600年の聖年前夜のイエズス会もかつての戦闘的な姿勢をやわらげ、それに従って聖堂の装飾も変化した。身廊にはヴィテルボ出身の画家タルクイニオ・リグストリによって殉教図サイクルが描かれているが、もはや残虐描写は見られず、それらは風景描写を主として人物を縮小させたものであった。こうした風景の中の殉教図は、場所を重視したイエズス会らしく、地名が書き込まれている。サント・ステファノ・ロトンド聖堂のような修練士のためのコレジオではなく、一般信徒の礼拝する聖堂であったため、血なまぐさい描写が回避されたと思われる

第1章　バロックの土壌　25

が、一見装飾的で当時流行し始めた風景画を大胆に導入することには、イエズス会に生じた余裕のようなものを感じさせる。

身廊の祭壇にはジョヴァンニ・バッティスタ・フィアンメッリによる聖人と聖女の群像の祭壇画がある。アプスには、ジョヴァン・アンドレア・コンモーディによる暴力的な《十字架の道行き》、内陣の左右にはアゴスティーノ・チャンペッリによる《聖ヴィタリスの拷問》と《殉教》が描かれているが、トスカーナの画家たちによるこれらの堂々とした大画面は、すぐあとに現れるカラヴァッジョの力強い写実主義を準備したものであった。ファサードには殉教器具が描かれていたが消失している。

サンタ・プラッセーデ聖堂

サンタ・マリア・マッジョーレ聖堂の近くに建つこの聖堂は、489年に創建された。パスカリス1世が9世紀に作らせたサン・ゼノーネ礼拝堂やアプスには、まばゆいばかりのモザイクがある。身廊の右にはベルニーニのもっとも初期の作品《サントーニ墓碑》(1610頃)がある。左側廊にあるオルジャーティ礼拝堂のカヴァリエール・ダルピーノによる天井画(1593〜95)は、キリスト昇天の場面を中心に天使や預言者、聖人の像を花飾りとともに配した装飾的な画面で、バロック前夜に活躍したこの画家の円熟期の傑作である。祭壇にはフェデリコ・ズッカリの《ピエタ》がある。聖具室にはアゴスティーノ・チャンペッリの《聖ジョヴァンニ・グアルベルトの幻視》がある。入口右の空間には1223年にエルサレムからもたらされた、キリストがつながれたといわれる「笞刑の円柱」がある。

聖プラッセーデの姉妹聖プデンツィアーナを祀るサンタ・プデンツィアーナ聖堂も近くにあり、そこには4世紀末から5世紀初頭のみごとなモザイクがあり、ドームには殉教図の画家ニコロ・チルチニャーニによる《栄光のキリストと天使》の天井画がある。

イル・ジェズ聖堂

イエズス会の総本山イル・ジェズ教会(→p.13)は、1568年、アレッサンドロ・ファルネーゼ枢機卿の出資によってヴィニョーラが建設し、1573年にこれを引き継いだジャコモ・デラ・ポルタがファサードを作って1582年に完成した。内部は多くの信者を収容できるよう、見通しのよい単廊式の広大な空間をもち、音響のよいヴォールト天井が採用された。大理石ではなくトラヴァーチンで作られたファサードは水平に走るアーキトレーヴが上下に二分し、2本ずつ組み合わされた付柱が垂直に並んでいるが、円柱と二つの破風(はふ)によって中央の大玄関がわずかに強調され、各部が中央に向かって高まっているように配置されている。最初のバロック建築といわれるカルロ・マデルノによるサンタ・スザンナ聖堂(→p.29)はこれに基づき、よりダイナミックにしたものであった。古代建築の要素を用

イル・ジェズ聖堂見取図

イル・ジェズ教会ポッツォの回廊　奥に虚構の部屋が見えるがすべてイリュージョンである。側面の絵は正面から見ると歪曲して見える。ポッツォが遠近法を応用して作り上げたアナモルフォーズの傑作。

シピオーネ・プルツォーネとジュゼッペ・ヴァレリアーノによる聖母伝　イル・ジェズ聖堂、マドンナ・デラ・ストラーダ聖堂

　い、ルネサンス建築のプロポーションを保ちながらまったく新しい外観となっており、それは以後ヨーロッパで無数に繰り返されることになった。

　内部装飾は当初は質素であった。前衛的な美術家を登用したオラトリオ会と違ってイエズス会は芸術に無頓着であり、表現様式よりも内容を重視していた。主祭壇はムツィアーノの《キリストの割礼》(現在は取り外されて聖堂の隣の建物に保存されている)、礼拝堂の祭壇画とフレスコは、フェデリコ・ズッカリ、アゴスティーノ・チャンペッリ、ジュゼッペ・ヴァレリアーノ、シピオーネ・プルツォーネ、ガスパーレ・チェリオといった、後期マニエリスムから「移行期」の画家たちが動員され、聖母、キリスト、父なる神というヒエラルキーを示す緻密なプログラムに従って制作された。1602年にはバリオーネが《キリストの復活》の注文を受けるが、これにローマの多くの画家が異議を唱え、バリオーネを誹謗する詩が出回ってカラヴァッジョがその犯人と目されてバリオーネから名誉毀損で訴えられた事件(バリオーネ裁判)が起こったが、イエズス会側の画家選択のまずさがそもそもの原因であった。

　1620年頃ジャンパオロ・オリーヴァがイエズス会の管長になると完全に時代遅れ

となってしまった聖堂の装飾が見直された。ジェノヴァ出身の画家バチッチア（ジョヴァンニ・バッティスタ・ガウッリ）が起用され、イエズス会の勝利と栄光のイメージで聖堂内を覆うべく、身廊のヴォールトに《イエスの御名の勝利》（1676〜79、→カバー表）、ドームには《天国》（1672〜75）、アプスには《子羊の礼拝》（1680〜83）などが制作された。とくにヴォールト天井は、アントニオ・ラッジによるストゥッコ彫刻や装飾とフレスコの画面とが不可分に融合しており、イエスという文字からまばゆいほどの光が放射する華麗なイリュージョンが展開している。こうした壁画と建築空間の相互浸透はベルニーニの発案であったと思われる。

二つの翼廊はイエズス会の創始者に捧げられ、右がザビエルに捧げられた祭壇で、ピエトロ・ダ・コルトーナ（→p.95）が1669年から76年に建造した（→p.11）。中央に死後腐らなかったというザビエルの遺体の右手が展示され、その上の祭壇画はカルロ・マラッタによる《聖フランシスコ・ザビエルの死》である。左のイグナティウス・デ・ロヨラの祭壇は、1695年から1700年にかけてアンドレア・ポッツォが建造したものであり、金や銀、ラピスラズリをふんだんに用いた豪華絢爛たる祭壇である。中央にピエール・ルグロによる銀の聖人像が立ち、左右にはそれぞれジャン・バティスト・テオドンによる《偶像崇拝に打ち勝つ信仰》、ピエール・ルグロによる《異端を撃退するキリスト教》の群像がある。後者でキリスト教の擬人像に打ち負かされている異端のうちにルターやカルヴァンの書物のほか、「カミ、ホトケ、アミダ、シャカ」という文字が見えるのが興味深い。

この聖堂には、創始者イグナティウスの執務室であったという「カーザ・プロフェッサ」が隣接している。内部の廊下のフレスコ装飾はイグナティウス伝を主題としており、ジャコモ・コルテーゼが着手し、アンドレア・ポッツォが完成させた（1682〜83）。この「ポッツォの回廊」は、遠近法やだまし絵、アナモルフォーズが多用され、遊び心に満ちている。

サンタ・スザンナ聖堂

8世紀末に聖スザンナ殉教の地に建てられ、ジローラモ・ルスティクッチ枢機卿の注文により、1597年から1603年にかけてカルロ・マデルノが建て直した。1603年に完成したファサードは、2本で一体となった円柱が中央扉の両脇に立ち、下層と上層が同じ間隔の柱でつながっており、装

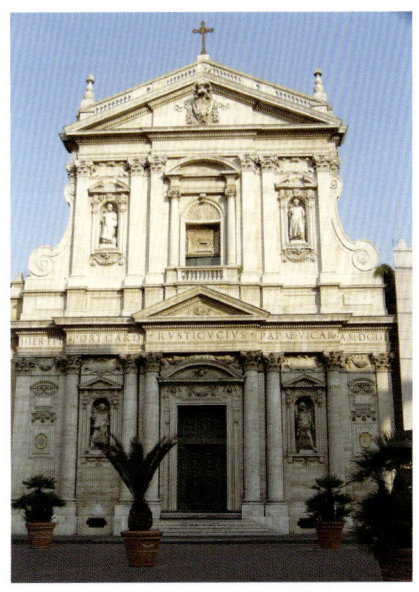

カルロ・マデルノ、サンタ・スザンナ聖堂ファサード

パリス・ノガーリ《聖フェリシタスと7人の息子の殉教》
サンタ・スザンナ聖堂

飾が中央に向かって集中的となっている。イル・ジェズ聖堂を基本にしているが、さらに統一性や力強さを増して垂直性を強調したこのファサードは建築におけるバロックの始まりを告げるものといわれ、以後の聖堂はこのタイプを基盤として様々な変奏を示していく。

　内部はおそらくバロニオ枢機卿のプログラムに基づき、主祭壇画はトンマーゾ・ラウレーティによる《聖スザンナの殉教》、アプスと内陣の右壁はバルダッサーレ・クローチェによる《聖ガビニウスの殉教》、右壁はパリス・ノガーリによる《聖フェリシタスと7人の息子の殉教》、身廊には旧約聖書外典のスザンナ伝がバルダッサーレ・クローチェによって描かれている。左側のサン・ロレンツォ礼拝堂にはチェーザレ・ネッビアの祭壇画のほか、夭折の天才ジョヴァンニ・バッティスタ・ポッツォの「聖ラウレンティウス伝」などの壁画がある。この内部装飾においては、1600年前後、カラヴァッジョとボローニャ派によってバロックに移行する前の、いまだ後期マニエリスムに属する画家たちが共演しているのである。

サンタ・マリア・デリ・アンジェリ聖堂

　テルミニ駅近くのレプッブリカ広場に建つ。16世紀半ばにディオクレティアヌス浴場の一部をミケランジェロが改築して教会にした。1750年の聖年のためにルイジ・ヴァンヴィテッリが方向を変え、身廊を改築してサン・ピエトロ大聖堂にあった祭壇画をいくつか移した。内陣にはドメニキーノの大作《聖セバスティアヌスの殉教》、クリストファノ・ロンカッリの《アナニアとサフィラの死》、身廊には16世紀後半に重厚な人物表現とヴェネツィア風の風景表現によってローマ画壇で影響力のあったジローラモ・ムツィアーノの代表作《聖ペテロへの鍵の授与》と《聖ヒエロニムスの説教》、ムツィアーノの弟子で多作であったチェーザレ・ネッビアの《ノリ・メ・タンゲレ》がある。

ジローラモ・ムツィアーノ《聖ヒエロニムスの説教》
サンタ・マリア・デリ・アンジェリ聖堂

第2章　ローマ・バロックの展開

1 カラヴァッジョの革新

　ローマの諸聖堂の壁面では、ダルピーノをはじめとするフレスコ画家たちが助手たちを動員して大きな足場の上で忙しく画筆をふるっていたが、こうした大規模な仕事を暗い目をして見上げている男がいた。1592年にミラノからローマにやってきたカラヴァッジョ(→p.34)は翌年ダルピーノの工房に入るが長続きせず、私的なパトロンの求めに応じて静物画や少年図をひっそりと描いていた。《リュート弾き》のような一連の少年像は、その迫真的な描写が際立っており、イタリアにおいて静物画や風俗画といったジャンルが流行する契機となった。1599年にサン・ルイジ・デイ・フランチェージ聖堂コンタレッリ礼拝堂壁画の注文を受けた彼は、このはじめての大作をすべて油彩で描き、1600年にその挑発的ともいえる写実主義をはじめて公開したのである。カラヴァッジョは、生まれ育った北イタリアで盛んであった自然主義をローマの美術界に移植したのだが、ローマでミケランジェロや後期マニエリスムの画家たちからきわめて多くの要素を吸収し、非常に完成度の高い画面を作り上げた。コンタレッリ礼拝堂の「聖マタイ伝」連作は、理想を排した風俗画のような徹底的な写実主義と、劇的な光の効果による明暗法が目を引き、礼拝堂内で実際に事件が起こっているかのような強い現実感を喚起するものであった。この連作はスキャンダラスな成功を収め、ローマ画壇に大きな衝撃を与えた。

　カラヴァッジョの名声はたちまちイタリア中に響き、次々に宗教画の注文を受けることになった。その暴力的ともいえる写実主義によってたびたび教会から受取りを拒否されたり、描き直さなければならなくなったりしたが、彼の作品を求める愛好家は引きもきらず、この新たな様式はすぐに多くの芸術家を惹きつけた。《キリストの埋葬》や《ロレートの聖母》《エマオの晩餐》に見られるように、カラヴァッジョの宗教画は、現実的でありながら、卑俗に陥らずに聖性を感

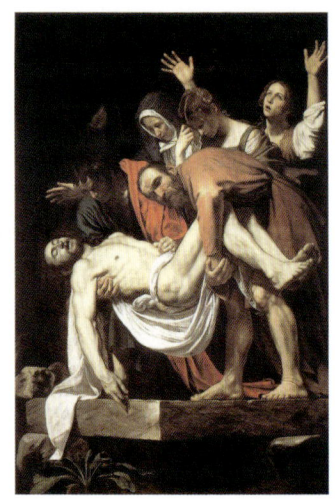

カラヴァッジョ《エジプト逃避途上の休息》ドーリア・パンフィーリ美術館(左)、《キリストの埋葬》ヴァチカン絵画館(右)

じさせ、だれにでも触知できるようでありながら、日常性ではなく超常的な奇蹟を見ている気にさせるものであった。カラヴァッジョの写実主義が開拓したこの効果は、カトリック宗教改革の精神にもっとも合致するものであり、無学な民衆にもわかりやすく、また感銘を与えることのできる新たなイコンであった。薄暗い聖堂に入った人々は、聖人の回心劇や聖母の顕現がそこで起こっているように感じ、思わず手を合わせることができたであろう。聖堂内ではカラヴァッジョの作品全体がひとつの幻視となったのである。

　1600年に話題を呼んだもう一人の画家が次節で取り上げるアンニーバレ・カラッチ(→p.50)だが、この二人の革新的な画家は、翌年、サンタ・マリア・デル・ポポロ聖堂チェラージ礼拝堂(→p.38)において相対することになった。祭壇画《聖母被昇天》をアンニーバレが仕上げたのち、側壁の2点《聖パウロの回心》と《聖ペテロの磔刑》をカラヴァッジョが描いたのだが、両者の相違は際立っていた。一方カラヴァッジョはたびたび受取り拒否に遭いながらも、多くの注文を受け、キエーザ・ヌオーヴァのための《キリストの埋葬》のように称賛された作品も残した。しかし生来の素行不良と凶暴さから官憲の手をわずらわせていたこの画家は、ついに1606年に殺人を犯して逃亡し、ナポリ、シチリア、マルタといった

アンニーバレ・カラッチ《聖母被昇天》の祭壇画とカラヴァッジョの《聖パウロの回心》(右)、サンタ・マリア・デル・ポポロ聖堂チェラージ礼拝堂

南イタリアを放浪して各地で鬼気迫る傑作を残しつつ、1610年に野たれ死んだ。

　多くの弟子をはぐくんだアンニーバレと対照的に、カラヴァッジョは弟子をとらなかったにもかかわらず、その画風はローマにやってきた多くの若い画家を魅了し、カラヴァッジェスキと呼ばれる自然主義を流行させた。1605年から15年頃までのカルロ・サラチェーニ(1579〜1620)、オラツィオ・ボルジャンニ(1578〜1626)、オラツィオ・ジェンティレスキ(1563〜1639)の宗教画(→p.96)、そして1615年頃からこの様式を風俗画に転用したバルトロメオ・マンフレディ(1587〜1620)がカラヴァッジョの画風を継承発展させた。また、カラヴァッジョの様式は早くからフランドルやオランダ、フランスの画家たちにも熱心に模倣されたが、彼らが自国に帰るとローマでは1620年代末までに終息していった。イタリアではむしろカラヴァッジョが滞在したナポリにおいてナポリ派と呼ばれる力強い自然主義が発展し、この様式はジュゼッペ・デ・リベラ(→p.114)を通じてスペインに大きな影響をおよぼし、ベラスケスやスルバランたちが輩出するスペイン絵画の黄金時代を招いたのである。

カラヴァッジョのローマを歩く

サン・ルイジ・デイ・フランチェージ聖堂

　ナヴォーナ広場にほど近いこの聖堂は、ジャコモ・デラ・ポルタの案に基づいて1589年にドメニコ・フォンターナが建設したものであり、聖王ルイ(ルイ9世)に捧げられたフランス人の教会である。この教会が名高いのは何よりもカラヴァッジョのデビュー作「聖マタイ伝」が当時のままの場で見ることができ、1600年にこれらが公開されたときの人々の驚きを追体験することができる点である。

　カラヴァッジョの最初のパトロンで、この教会のすぐ向かいに建つパラッツォ・マダマに住んでいたフランチェスコ・マリア・デル・モンテ枢機卿がフランス王家の血を引く有力な聖職者であったことから、ムツィアーノやカヴァリエール・ダルピーノといった有力な画家たちが未完のまま放り出したコンタレッリ礼拝堂の装飾が無名のカラヴァッジョに注文されたのである。天井画はカラヴァッジョが一時的にその工房にいたダルピーノのフレスコである。

　向かって左が《聖マタイの召命》、右が《聖マタイの殉教》、正面が《聖マタイと天使(聖マタイの霊感)》であり、劇的な光の効果や迫真的な人物描写による臨場感あふれる画面は、まさに新しいバロック様式の開幕を告げるものであり、西洋美術史の流れを変

ミケランジェロ・メリージ・ダ・カラヴァッジョ (1571〜1610)

　ミラノに生まれる。シモーネ・ペテルツァーノに入門し、16世紀ロンバルディアの自然主義を吸収する。1592年にローマにやってきて、最初のうちは半身像による風俗画や静物画を描いていた。1600年、サン・ルイジ・デイ・フランチェージ聖堂で公開された「聖マタイ伝」連作は彼の名を一夜にして高からしめ、以後次々に宗教画の大作を制作するが、1606年に賭けの諍いから殺人を犯して逃亡。ナポリ、マルタ、シチリアを転々としながら精力的に制作をおこない、各地に大きな影響を与えた。とくにナポリではナポリ派と呼ばれるカラヴァッジョ風(カラヴァッジェスキ)の自然主義の発生を促した。逃亡期の作品には、ローマ滞在時の作品に見られた衝撃的な写実表現よりも、レンブラントを予告するような瞑想的な宗教性が漂っている。恩赦を期待してローマに戻る途中、トスカーナの海岸ポルト・エルコレで病死した。

　1592年から1606年までローマに滞在したカラヴァッジョの作品はローマ市内に多く残されており、1日もあればすべて回ることができる。カラヴァッジョは19世紀末から20世紀に再評価されたが、それ以前は否定的な評価を受けていたため、ラファエロやアンニーバレ・カラッチと違ってローマの聖堂に残された作品は転売や収奪の対象にならなかったせいか、当初の設置場所に比較的よく残っている。明るい美術館よりも薄暗い聖堂内でこそ彼のドラマが生きているのを実感できるだろう。1606年の殺人後放浪した南イタリア、ナポリ、シラクーザ、メッシーナ、マルタにもローマの作品とは違った鬼気迫る傑作が点在している(→p.160〜162)。そのほか彼の故郷のミラノには《果物籠》と《エマオの晩餐》があり、フィレンツェには《バッカス》《メドゥーサ》などがある。

デラ・ポルタ、サン・ルイジ・デイ・フランチェージ聖堂ファサード

えた作品であるといってよい。1600年に側壁の二つの画面が礼拝堂側壁に設置されるや、大評判となってローマ中の人々がこれを見るために押しかけたという。

《聖マタイの召命》ではローマの場末で金の支払いをしている男たちの中にキリストがペテロとともに入ってきて徴税人レヴィ（マタイ）を召し出す場面。フランドルでは人気があったがイタリアではめずらしいこの主題は、フランス王アンリ4世が1594年にカトリックに改宗したことにちなむという考えもある。キリストとともに左上から差し込む一条の光が闇に沈む人物たちを照らし出し、罪人の心に差す救済の光となっている。主人公であるマタイは古くからテーブルの中央に座る髭の男だとされてきたが、近年は画面左端でうつむく若者であると考えられるようになった。

《聖マタイの殉教》は薄暗い聖堂の中で刺客に切りつけられて倒れるマタイと動揺する信者たちが劇的に表現されている。左でこちらを振り向く刺客の一人はカラヴァッジョの自画像である。人物が多すぎてやや混乱した印象を与えるが、一度描いた作品を全面的に描き直して現在の画面になっ

たことがX線写真から判明している。

正面の《聖マタイと天使》は2年ほど遅れて注文されたが、最初に描かれたバージョンは取りはずされて現在設置されているのは二つ目のバージョンである。第一バージョンはベルリンの美術館に所蔵されていたが第二次世界大戦終結時に火災で消滅したことになっている。残された写真を見るとそれは、無骨な農夫のような聖人がややエロチックな天使に手を導いてもらう構成であり、これに比べると天使と聖人が引き離された現在のものははるかに無難で穏健な図像になっていることがわかる。しかしながら、こちらに転げ落ちそうになっているスツールに示されるように、下から見上げるような効果は第一作にはなかったものであり、カラヴァッジョが作品を実際の設置空間に調和させることに鋭敏になったことをうかがわせる。

カラヴァッジョの作品のあるコンタレッリ礼拝堂の左隣の礼拝堂には、カラヴァッジョのライバル、バリオーネの《マギの礼拝》があり、正面の主祭壇画はフランチェスコ・バッサーノの大作《聖母被昇天》、右側の第三礼拝堂にはドメニキーノの「聖ルチア伝」の壁画（1613～14）がある。側壁の《聖チェチリアの施し》は師アンニーバレ・カラッチの《聖ロクスの施し》の影響が強いが、天井の三画面のうち、とくに《偶像崇拝を拒む聖チェチリア》は水平と垂直のみで構成されたみごとな古典主義を示している。その隣の第四礼拝堂にはフランス最初のカトリック王であるクローヴィスを主題としたヤコピーノ・デル・コンテ、ペレグリーノ・ティバルディ、シチョランテ・ダ・セルモネータの壁画がある。

第2章 ローマ・バロックの展開

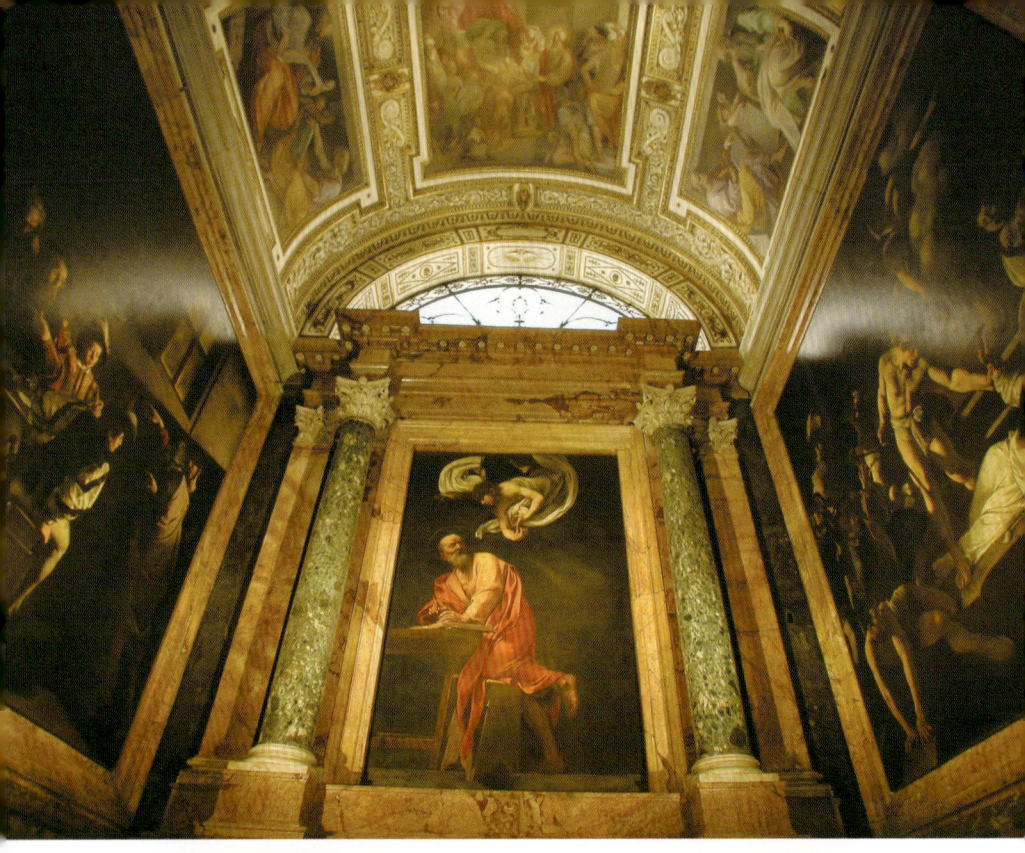

カラヴァッジョ《聖マタイと天使》(上中央)と《聖マタイの殉教》(上右)。天井画はダルピーノによる。《聖マタイの召命》(下) サン・ルイジ・デイ・フランチェージ聖堂コンタレッリ礼拝堂

ドメニキーノ《聖チェチリアの殉教》サン・ルイジ・デイ・フランチェージ聖堂チェチリア礼拝堂

サンタゴスティーノ聖堂

　サン・ルイジ・デイ・フランチェージ聖堂にほど近い一角にあるルネサンス様式の教会。入ってすぐ右の最初のカヴァレッティ礼拝堂にカラヴァッジョが1604年に描いた《ロレートの聖母》がある。アドリア海沿いの町ロレートは13世紀にナザレからキリストの生家が飛来したという伝承により巡礼地として栄えたが、空中に浮かぶ家の上に聖母子がいる通常の図像と異なり、二人の貧しげな巡礼者の前に聖母が顕現した情景となっている。注文者の父エルメーテ・カヴァレッティは死の前にロレートに巡礼に赴いているため、ひざまずく巡

カラヴァッジョ《ロレートの聖母》サンタゴスティーノ聖堂

第2章 ローマ・バロックの展開　37

礼の男にはこの人物の面影が重ねられているのであろう。この絵が公開されるや、教会でこの絵を見た民衆が大騒ぎをしたとバリオーネは伝えているが、これは自分たちの分身のような庶民の姿が画面に描きこまれているのを見て新鮮な驚きを覚えたためであろう。

　実際この教会はサン・ピエトロ大聖堂に行く巡礼路の途中に位置しており、多くの巡礼者がこの教会に参詣していたのである。カラヴァッジョは、教会内にいる汚い足をした巡礼の親子を画面に登場させ、絵を見る者の前に聖母が現れるような錯覚を覚えさせたのである。薄暗い教会の入口付近で見るこの絵の聖母は、不思議な実在感をもっている。

サンタ・マリア・デル・ポポロ聖堂

　ポポロ広場(→p.101)の一角、ポポロ門を入ってすぐ左に建っている教会。サン・タゴスティーノ聖堂と同じくアウグスティヌス会の教会でやはり同じような簡素なルネサンス様式のファサードである。アウグスティヌス会士であったマルティン・ルターが宗教改革を起こす前にローマを訪れた際に泊まったことでも知られている。

　内陣左の礼拝堂がチェラージ礼拝堂であり、1601年にティベリオ・チェラージがアンニーバレ・カラッチに装飾を依頼した。カラッチは主祭壇画の《聖母被昇天》のほか、弟子のインノチェンツォ・タッコーニとともに天井のフレスコを描いたが仕事を放棄せざるをえなくなったため、側壁の2点をカラヴァッジョが描くことになった。ローマの二大守護聖人をあつかった側壁は、向かって左が《聖ペテロの殉教》、右

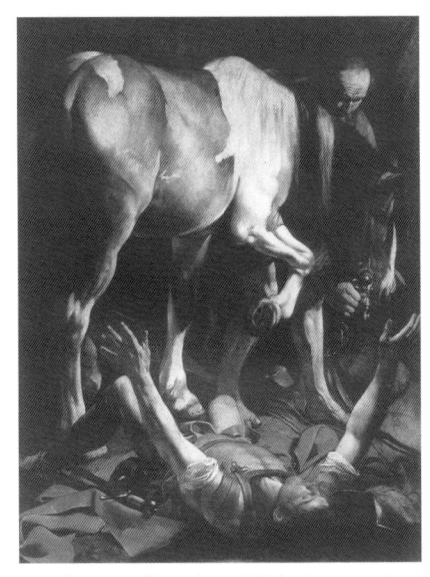

カラヴァッジョ《聖パウロの回心》サンタ・マリア・デル・ポポロ聖堂チェラージ礼拝堂

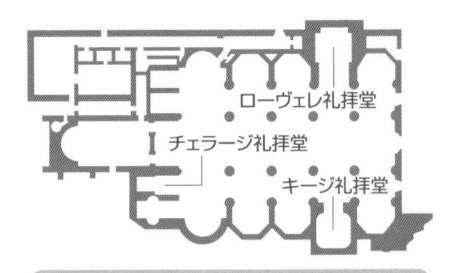

サンタ・マリア・デル・ポポロ聖堂見取図

が《聖パウロの回心》である。直前に制作したサン・ルイジ・デイ・フランチェージ聖堂の作品と異なり、人物の比重が大きくなっているが、これはカラッチの祭壇画に影響されたものであろう。

　《聖ペテロの殉教》では、逆さ十字架につけられたペテロが顔を上げるが、残りの労働者は黙々と作業に没頭しており、汚い足を観者に向ける。《聖パウロの回心》では突如転倒して神の声を聞くパウロが目を閉じたまま大きく腕を広げるが、かたわら

ベルニーニ《ダニエル》サンタ・マリア・デル・ポポロ聖堂キージ礼拝堂

ベルニーニ《ハバクク》サンタ・マリア・デル・ポポロ聖堂キージ礼拝堂

の馬丁も馬もこの回心劇に気づいていない。劇的なパウロ回心の奇蹟に神も天使も登場せず、すべてがパウロの頭の中でのみ起こったという近代的な解釈が打ち出されているのである。夏の午後に顕著なのだが、この礼拝堂の後方高いところにある教会の窓から実際の光が差し込み、画面を横切って手を広げたパウロに降りそそぐのを見ることができたら、現実空間と画面を接続させ、観者の眼前に奇蹟を現出させようとしたカラヴァッジョのバロック性が感得されるだろう。

　左第二礼拝堂はキージ礼拝堂と呼ばれ、1513年にラファエロがアゴスティーノ・キージのために設計し、天井装飾と彫刻をデザインした。ラファエロらしい完全な比例に基づいた古典主義空間である。祭壇画《聖母の誕生》はセバスティアーノ・デル・ピオンボ作、四隅の預言者像のうち《ヨナ》

ラファエロ、サンタ・マリア・デル・ポポロ聖堂キージ礼拝堂

と《エリア》がロレンツェットの手により、《ハバクク》と《ダニエル》は1652〜56年にベルニーニが制作したもの。ハバクク

第2章 ローマ・バロックの展開 | 39

カラヴァッジョ《聖ペテロの殉教》(左の絵) サンタ・マリア・デル・ポポロ聖堂チェラージ礼拝堂

に寄り添う天使ははす向かいのダニエルを指差し、二対の彫刻が呼応することによって、空間が活性化している。右側最初にあるローヴェレ礼拝堂には15世紀ウンブリアの画家ピントゥリッキョの色鮮やかなフレスコを見ることができる。

ドーリア・パンフィーリ美術館

　16世紀に建てられ、アルドブランディーニ家からイノケンティウス10世の出身家パンフィーリ家に相続され、18世紀に増築された。両家のコレクションを母体としており、ルネサンスとバロックの名品が鑑賞できる。
　初期の貴重なカラヴァッジョ《エジプト逃避途上の休息》(→ p.32)と《悔悛するマグダラのマリア》がある。いずれもカラヴァッジョが最初のパトロン、デル・モンテ枢機卿の邸宅に庇護されて風俗画や静物画ばかりを描いていた頃、はじめて宗教画に挑戦したものであると考えられている。両作品の女性、聖母とマグダラのマリアのモデルの姿勢も酷似しており、両作品の制作時期が近接していることをうかがわせる。《エジプト逃避途上の休息》にはカラヴァッジョにしてはめずらしい風景表現があり、《悔悛するマグダラのマリア》の床に散らばる装身具には静物表現の技術の高さを見ることができる。いずれもまだカラヴァッジョ特有の激しい明暗表現や衝撃的な

効果はなく、画家の故郷である北イタリアの16世紀の画家たちのそれにも通じる抒情的で親しみやすい作風を示している。もう一点のいわゆる《洗礼者ヨハネ》（主題については異説あり）は長らくカラヴァッジョの真筆であるとされてきたが、カピトリーノ宮殿でこれと瓜二つの作品が発見され、比較された結果、こちらはコピーということになった。しかし、その描写のみごとさから画家自身が作ったレプリカである可能性が高い。

この美術館には1650年にローマにきたベラスケスが描いた《イノケンティウス10世の肖像》があり、教皇の人間性までもあばき立てるような恐るべきリアリズムを示した肖像画の最高傑作である。またピーテル・ブリューゲルのナポリ湾の絵、アンニーバレ・カラッチやクロード・ロランなど風景画の傑作が多い。アンニーバレが、アルドブランディーニ家の邸宅を飾るために弟子のフランチェスコ・アルバーニ（→p.48）とともに制作したいわゆる「アルドブランディーニのルネッタ（半円形画面）」もあり、いずれも広大な風景のうちに小さく人物を配した風景画である。とくに《エジプト逃避途上の休息》は聖家族のいる前景、川のある中景、古代の建造物の見える後景が分断されており、古典的風景画（理想的風景画）の原型を示している。この種の風景画は弟子のドメニキーノに継承され、フランス人ニコラ・プッサン、その義弟のガスパール・デュゲ、そしてクロード・ロランによって大成されるが、彼らの傑作はいずれも同じ美術館で見ることができる。とくに入口近くには、一面デュゲの風景画で覆われた部屋があって圧巻である。

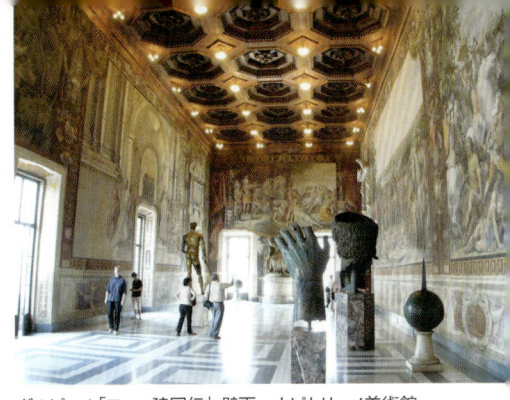

ダルピーノ「ローマ建国伝」壁画、カピトリーノ美術館

カピトリーノ美術館

　カラヴァッジョの《洗礼者ヨハネ》がある。ミケランジェロがデザインしたカピトリーノ広場にあるこの宮殿の一部は今もローマ市役所として用いられているが、1953年にイギリスの美術史家デニス・マーンが市長室にこの作品があることを発見した。ドーリア・パンフィーリ美術館にあるものなど10点以上のコピーが知られているが、この作品が真作であることは疑い

カラヴァッジョ《洗礼者ヨハネ》カピトリーノ美術館

第2章 ローマ・バロックの展開

ボローニャ派の絵画も充実している。とくに、かつてサン・ピエトロ大聖堂にあったグエルチーノの巨大な《聖ペトロニッラの殉教と昇天》(1622〜23)は、ボローニャ派第二世代のこの画家の初期の代表作であり、カラヴァッジョ風の力強い描写と劇的な構成が際立っている。

ボルゲーゼ美術館

この名高い美術館は、フラミニオ・ポンツィオの設計によるボルゲーゼ家のヴィラであった。美術館の母体となったのは1605年に教皇となったパウルス5世の甥のシピオーネ・ボルゲーゼ枢機卿のコレクションである。この人物はきわめて旺盛かつ貪欲に美術を収集したため、カラヴァッジョやベルニーニに代表されるバロック美術と、ラファエロやティツィアーノに代表されるルネサンスのすばらしい粒ぞろいのコレクションとなっている。初期から晩年までの6点のカラヴァッジョがあるが、この枢機卿がローマにきてほどなくしてカラヴァッジョは殺人を犯してローマから姿を消してしまうので、枢機卿がカラヴァッジョから直接入手したのは《執筆する聖ヒエロニムス》のみである。聖ヒエロニムスは枢機卿の赤い衣をまとっているが、画家が枢機卿に就任したばかりのシピオーネに、揉め事を解決してくれた報酬として贈ったものだと考えられる。

カラヴァッジョ芸術に惹かれたシピオーネはこのほかにも、八方手をつくし、ときには叔父の教皇の権力を笠に着て悪どい手段を用いてまでカラヴァッジョを収集した。《病めるバッカス》と《果物籠を持つ少年》はカラヴァッジョが一時その工房に

グエルチーノ《聖ペトロニッラの殉教と昇天》カピトリーノ美術館

えない。1603年にカラヴァッジョのパトロンであったマッテイ家のために制作されたものであり、少年のポーズはミケランジェロのシスティーナ礼拝堂天井画のイニューディ(裸体青年像)から借用されている。この少年は洗礼者ヨハネにしては、それを示すアトリビュート(持物)がないため、ヨハネではなく、「解放されたイサク」であるとする説が近年出てきている。画面の左下には火の点いたような薪が見えるが、これは犠牲の祭壇であり、父アブラハムによってあやうく犠牲に捧げられそうになったイサクが替わりに犠牲となる牡羊を抱擁して喜んでいる情景であるというのである。

グイド・レーニの《聖セバスティアヌス》をはじめ、アルバーニ、グエルチーノなど

いたカヴァリエール・ダルピーノが所蔵していたのだが、シピオーネはダルピーノを脱税の嫌疑で逮捕させ、そのコレクションを没収したのである。《病めるバッカス》は現在美術館では《バッカスとしての自画像》と表示されており、カラヴァッジョ最初の自画像である。土気色のバッカスに扮した画家は不気味な視線を向けている。《果物籠を持つ少年》は、果物とともに自分の肉体を提供しようとする少年を描いたエロチックな作品と見ることもできるが、近くで見れば見るほど果物や葉の触覚的ともいってもよい写実描写のみごとさを堪能できる。《蛇の聖母》はヴァチカンにあったサンタンナ・デイ・パラフレニエーリ聖堂の祭壇画として教皇庁馬丁組合からカラヴァッジョに注文されたものだが、完成作が祭壇に設置されるや、すぐに取りはずされて枢機卿のコレクションに入ったのである。組合側がこの絵を拒否したせいだと思われているが、その背後にシピオーネのあくなき収集欲があったことも関係ありそうである。蛇は異端、とくにプロテスタントを表しており、キリストが聖母と協力してこれを撃退するというこの図像はカトリック改革の戦闘的姿勢をよく示すものである。

《蛇の聖母》はその少し前に描かれた《ロレートの聖母》と同じ女性が聖母のモデルとなっているが、これはおそらくこの頃画家がそれをめぐって争いまで引き起こしたレーナという女性である。

《洗礼者ヨハネ》と《ダヴィデとゴリアテ》は、カラヴァッジョの逃亡時代に画家からシピオーネに送られたか、画家の遺品にあったものをシピオーネが入手したものだろうと思われる。放心したような《洗礼者ヨ

ポンツィオ、ボルゲーゼ美術館外観

ハネ》と《ダヴィデ》は同じモデルのようであり、いずれも画家の最晩年の作であろう。また、《ダヴィデとゴリアテ》の切断されて血をしたたらせるゴリアテの首はカラヴァッジョ最後の自画像であるが、そこに殺人を犯した画家の自己断罪意識を見る人もいる。

ベルニーニは、十代前半に作ってその神童ぶりを示した《ユピテルと山羊アマルテア》から、初の群像表現《アエネイスとアンキセス》(1618～19)、よりダイナミックな《プロセルピナの略奪》(1621～22)、大理石彫刻の限界にいどんだ《アポロとダフネ》(1622～25)、自身をモデルにしたという《ダヴィデ》(1623～24)まで、ベルニーニの彫刻家としての出発から円熟にいたる発展過程をたどることができる。当主のパウルス5世の像(1617～18)や注文主であったシピオーネ・ボルゲーゼの彫像(1632～33)もあり、とくに後者は一瞬の表情や動きをとらえた肖像彫刻の傑作である。

二階の大広間には、1624年から25年にかけてランフランコが制作した《オリュンポスの神々》の天井画がある。中央の神々の部分は師アンニーバレ・カラッチのファルネーゼ宮殿ガレリアの天井画と同じく、壁にかけられた絵をそのまま天井に移したような「クアドリ・リポルターティ」だが、

第2章 ローマ・バロックの展開 | 43

ボルゲーゼ美術館内部(上左)、
カラヴァッジョ《蛇の聖母》(上右)、
ベルニーニ《アポロとダフネ》(下左)、
《プロセルピナの略奪》(下右)

ドメニキーノ《ディアナの狩猟》
ボルゲーゼ美術館

ランフランコ《オリュンポスの神々》ボルゲーゼ美術館天井画

注目すべきはその周囲で、天井を支えて青年が立っているイリュージョニスティックな表現である。遠近法と仰視法をたくみに駆使したこの天井画は、やがてサン・タンドレア・デラ・ヴァッレ聖堂の画期的なバロック的な天井画を生み出すことになるこの画家の意欲と探究心を感じさせる。この部屋には彼のライバル、ドメニキーノの有名な《ディアナの狩猟》(1617)がある。この作品はアルドブランディーニ枢機卿の注文で描かれたものだが、画室を訪れてこの絵に魅了されたシピオーネが強引に入手し、ために画家はアルドブランディーニに訴えられて入獄する破目になったといういわくがある。そのほか、アンデルセンの『即興詩人』にも記されたアルバーニの愛らしい《四季》の4点の円形作品がある。

コルシーニ美術館

1736年から58年にかけてフェルディナンド・フーガが設計した。カラヴァッジョの《洗礼者ヨハネ》がある。こちらは十字架状の杖に洗礼用の椀を備え、キリストの先駆者ヨハネが若い頃荒野で修行する情景である。ここにはそのほか、ルーベンスの《傷を癒される聖セバスティニアヌス》、グイド・レーニの《サロメ》、ジュゼッペ・デ・リベラの《ヴィーナスとアドニス》などがある。

サンタ・マリア・デラ・スカラ聖堂

トラステヴェレにあるこの跣足カルメル会の聖堂は、1593年から1610年にかけてフランチェスコ・カプリアーニによって建てられた。この聖堂の修道士たちはかつてカラヴァッジョに《聖母の死》を注文し

第2章 ローマ・バロックの展開

たが、聖母を死体として描いた完成作を見てこれを拒絶したことで知られている。カラヴァッジョ作品は現在ルーヴル美術館にある。カラヴァッジョの代わりに左第二礼拝堂の祭壇に設置されたのはカラヴァッジョの追随者カルロ・サラチェーニによる同主題の作品であった。このほか右第一礼拝堂にはヘリット・ファン・ホントホルストの代表作《洗礼者ヨハネの斬首》がある。

ヴァチカン絵画館

　カラヴァッジョの円熟期の大作《キリストの埋葬》(→p.32)がある。この作品はオラトリオ会の本山キエーザ・ヌオーヴァのヴィットリーチェ礼拝堂の祭壇画として描かれ、そこに設置されていたものだが、ナポレオン軍が接収してフランスに送られ、返還後は教会に戻らずヴァチカンに納められて現在にいたっている。カラヴァッジョ作品のうちではもっとも古典的なモニュメンタルな構成をもっており、同時代から高く評価され、ルーベンスが模写したほか、フランスに渡っていたこともあってフラゴナール、ジェリコー、セザンヌらにも模写され、ほかにもダヴィッドなど多くの画家に深い影響を与えた。巨大な岩盤の上にキリストの遺体を運ぶ男たちと嘆き悲しむ女たちがおり、無駄のない卓抜な構成によって表現されている。視点は低く岩盤の高さにあり、人物たちは下から見上げるような視点で表現されている。画面を見上げると、キリストの遺体がこちらの空間に降ろされてくるようなイリュージョンを感じるが、これは祭壇に設置されていたときこそ効果を発揮したであろう。ミサのとき司祭が祭壇に向かって聖体を掲げると、それが画中

ヴァチカン絵画館、向かって右がカラヴァッジョ《キリストの埋葬》、中央がドメニキーノ《聖ヒエロニムスの最後の聖体拝領》

のキリストの体がそのまま変化したものに見えるのである。現在キエーザ・ヌオーヴァにはこの作品の出来のよくないコピーがかけられているが、ヴァチカンのカラヴァッジョ作品のほうが美術館の中にあっても圧倒的な迫力で観者に迫ってくる。

　またここには、グイド・レーニがカラヴァッジョの影響を受けたほとんど唯一の作品である《聖ペテロの殉教》がある。この作品は1604年から05年にサン・パオロ・アレ・トレ・フォンターネ聖堂のために制作されたものであり、サンタ・マリア・デル・ポポロ聖堂にある1601年のカラヴァッジョの同主題作品の影響と同時にその作品への挑戦も示されている。写実的で暴力的な描写、強い明暗対比はカラヴァッジョ的だが、聖人を逆さ十字架につける方法が異なっており、手足を十字架に釘打ってから十字架を建てるのではなく、すでに建てられた十字架に聖人を引き上げようとしている。なおペテロが殉教した地はジャニコロの丘にあるサン・ピエトロ・イン・モントーリオ聖堂だが、その主祭壇にはこの作品のコピーがかけられている。また、サン・ピエトロ大聖堂を飾っていたドメニキーノの名高い《聖ヒエロニムスの最後の聖体拝領》(1614)がある。

2 アンニーバレ・カラッチとボローニャ派

　カラヴァッジョがデビューしたのと同年、ファルネーゼ宮殿のガレリアの天井画が公開され、やはり大きな話題を呼んだ。描いたのはファルネーゼ家にボローニャから1595年にローマに呼び寄せられたアンニーバレ・カラッチ（→p.50）である。アンニーバレは兄アゴスティーノ(1557〜1602)、従兄のルドヴィコ(1555〜1619)とともにボローニャですでに画家として成功しており、彼らはアカデミア・デリ・インカンミナーティを開いて若い画家を育てていた。そこではヴェロネーゼやコレッジョといったヴェネツィアやパルマの色彩豊かな様式と、自然観察によるデッサンが重視されていた。

　アンニーバレはまた、《豆を食べる男》（→p.52）や《肉屋》のような近代的感覚にあふれた風俗画も描いている。彼のボローニャ時代の集大成であるダイナミックな大作《聖ロクスの施し》は次の世紀に隆盛を迎えるバロック様式を予告している。ローマにきたアンニーバレはそこで古代の彫像やラファエロといった古典を真剣に学び、自然主義と融和させてこの天井画に結実させたのだった。「神々の愛」を主題とするこの天井画は、アルベルティ兄弟のような仰視法によるイリュージョンを用いず、いくつかのタブローが天井に貼り付いているような構成（クアドリ・リポルターティ）をとっており、自然観察に基づく人物のリアルで堅固な造形性や隙のない熟考された群像構成に、明るく潑剌とした昂揚感の漂う、きわめて密度の高い壁画となっていた。これを見上げる者はそこにミケランジェロやラファエロに匹敵する完成度を認めざるをえなかった。しかし、この労作も注文者であるファルネーゼに十分に認められなかったため、アンニーバレはこれ以降一種の鬱病にかかり、ファルネーゼのガレリアの残りの部分を仕上げるためにボローニャから呼び寄せた有能な弟子たちに制作の大半を任せ、めだった活動をせずに1609年に没している。つまりカラッチもカラヴァッジョもローマでの足跡はきわめて短いものであったのだが、両者の影響は甚大であったのである。

　古典的でありながら自然主義的なカラッチの様式は、まず

カラッチのアカデミーにおける実践的な教育プログラムによって弟子たちに正確に継承された。彼らはボローニャ派と呼ばれて以後のイタリア画壇の中心をなし、とくにフランスで熱心に模倣され、以後300年にわたって西洋のアカデミズムの規範となった。グイド・レーニ(→p.53)、フランチェスコ・アルバーニ(1578～1660)、ドメニキーノ(→p.62)、ランフランコ(1582～1647)、グエルチーノ(1591～1666)が代表である。レーニとドメニキーノは1609年にサン・グレゴリオ・アル・マーニョ聖堂のサンタンドレア礼拝堂で聖アンデレ伝のフレスコを共作したが(→p.55～57)、ここでも二人のめざす方向の違いが看取でき、やがてレーニは冷ややかな色彩による優美な画風、ドメニキーノは厳格な構成に基づく古典主義を展開していった。レーニの傑作《アウロラ》は、暁の女神アウロラに先導されて太陽神アポロとミューズたちが優雅なリズムを作りながら進んでいく情景が、完璧といってよい古典的な構成ときわめて鮮やかな色彩によって表現されている。

　1614年にボローニャに帰郷したレーニに替わってローマ画壇を牽引したドメニキーノは、レーニよりもより古典的であり、その冷ややかな色彩とともにやや生硬さすら感じさせる。カラヴァッジョがデビュー作を飾ったのと同じサン・ルイジ・デイ・フランチェージ聖堂に「聖チェチリア伝」を描いたが(→p.37)、中でも《偶像崇拝を拒む聖チェチリア》(→p.62)は、単純でありながら荘厳な古典主義の最初のマニフェストとなった。ドメニキーノの古典主義はその後もローマ画壇で継承され、アンドレア・サッキ、フランス人ニコラ・プッサンを経て17世紀末のカルロ・マラッタがこれを大成した。

　同じカラッチ工房出身でありながらドメニキーノのライバルであったランフランコは、故郷パルマの前世紀の巨匠コレッジョを研究し、ボローニャ派の中でももっともバロック的な傾向を示した。1625年、サンタンドレア・デラ・ヴァッレ聖堂のドームに描かれた天井画では、昇天する聖母を中心に天上の世界がダイナミックな渦をなしており、盛期バロックの到来を告げるものとなった。

アンニーバレ・カラッチ、ファルネーゼ宮殿ガレリアの天井画

カラッチとボローニャ派のローマを歩く

ファルネーゼ宮殿

アンニーバレ・カラッチの最高傑作にしてローマ・バロックのもっとも重要な壁画のある肝心のファルネーゼ宮殿は、残念ながら今はフランス大使館として用いられているため滅多に見ることができない。アンニーバレによるガレリアの天井画は19世紀までは、ミケランジェロのシスティーナ礼拝堂壁画、ラファエロのスタンツェ(「署名の間」をはじめとするヴァチカン宮殿内の諸間)と並んで世界三大壁画とされていた。この天井画は、バロック期に流行する遠近法を駆使したイリュージョニスティックな壁画(クアドラトゥーラ)ではなく、壁にかかっている画面をそのまま天井に運んだようなクアドリ・リポルターティである。にもかかわらず、正確な素描による人物像が織り成す異教的・祝祭的な画面からはカトリック改革の教条的な陰りを吹き飛ばすかのような溌剌としたリズムが響いており、マニエリスムの終焉と新たな古典主義の誕生を告げたのである。実際に見ると、思ったより狭いものの、色鮮やかな画面がびっしりと貼り付けられた感がして、驚くほど充実した壁画であった。

16世紀にパウルス3世を輩出したファルネーゼ家はパルマの名門であり、ジュリアーノ・ダ・サンガッロやミケランジェロが設計したこの宮殿はルネサンス様式の傑作である。オドアルド・ファルネーゼ枢機卿は1595年、ボローニャからアンニーバレ・カラッチを呼び、まず書斎にあたるカメリーノの天井画を制作させた。天井中央に設置されたカンヴァス画《分かれ道のヘラクレス》は現在ナポリのカポディモンテ美術館(→p.115)にあるが、天井画全体の図像プログラムは、枢機卿に就任したばかりのオドアルドの美徳を称えるもので、ガレリアの天井画プランとともに、ファルネーゼ家に仕えた人文主義者フルヴィオ・オルシーニの構想によるものであると思われる。

アンニーバレ・カラッチ (1560〜1609)

カラヴァッジョのデビューと同じ1600年、ファルネーゼ宮殿のガレリアの天井画が公開されて大きな評判を呼んだ。これを制作したアンニーバレ・カラッチはカラヴァッジョとともにバロック様式の先駆者となったが、一匹狼であったカラヴァッジョと異なり、故郷ボローニャから多くの助手や協力者を呼び寄せたため、彼の様式はローマで継承され、ボローニャ派と呼ばれる一大流派が形成されたのである。

アンニーバレは17世紀半ばから古典主義が支配的になるとカラヴァッジョと対照的にきわめて高い評価を受け、19世紀までラファエロと並ぶ名声を誇ったため、彼の作品は熱心に収集され、イギリス、フランス、ドイツなどに運ばれてしまった。ガレリア天井画以降、神経を病んでわずかな作品しか描けなかったこととあいまって、ローマで見ることのできるアンニーバレの作品はきわめて少ないのである。

カメリーノの天井画に満足したオドアルドが次に制作させたガレリアの天井画「神々の愛」は、聖年でローマが祝祭の気分に包まれた1600年におこなわれたラヌッチョ・ファルネーゼとマルゲリータ・アルドブランディーニの婚礼を記念するものであった。画面中央の《バッカスとアリアドネの勝利》で凱旋車に乗るバッカスはオドアルドの弟で軍人であるラヌッチョ、アリアドネはマルゲリータを表している。ファルネーゼ家にとって、現教皇と縁戚関係を結ぶことは大きな慶事であるが、それを異教の神々の官能的な性愛の情景として表現した点には、宗教的で厳格なクレメンス8世へのあてつけであるという見方もある。具体的な歴史的事件や肖像が登場せず、神々の姿や寓意によって表現した点で、この壁画はピエトロ・ダ・コルトーナによるバルベリーニ宮殿天井画(→p.97)の用いた手法を予告するものであり、以後長く宮殿装飾の範として影響を与え続けた。

　このファルネーゼ宮殿に収集されていた古代美術やティツィアーノの作品などコレクションの多くは婚姻関係によってナポリのカポディモンテ美術館に移されたが、16世紀にラヌッチョ枢機卿がマニエリスムの画家サルヴィアーティに装飾させた「ファルネーゼの栄華の間」がみごとである。ここでは、世俗権力あるいは軍事力を象徴するアエネイスと、精神的権威を代表するパウルス3世の姿が向かい合って配置され、聖俗の画面に分けられてファルネーゼ家の功績が表現されている。また、オドアルドの大叔父アレッサンドロ・ファルネーゼ枢機卿は16世紀後半に、カプラローラにヴィニョーラの設計によるヴィラ・フ

アンニーバレ・カラッチ《聖マルゲリータ》サンタ・カテリーナ・デイ・フナーリ聖堂

ァルネーゼを建てたが、その内部にも王朝の歴史の壮大な連作をズッカリ兄弟やラファエリーノ・ダ・レッジョらに制作させ、アエネイスに遡る名門の栄光の歴史とパウルス3世の偉大さを誇示している。

　アンニーバレを招聘したオドアルド・ファルネーゼは、大枢機卿と呼ばれたアレッサンドロほどの器量も能力もなく、みごとな壁画を完成させたアンニーバレに十分な報酬も待遇も与えなかった。そのためアンニーバレは鬱病にかかって制作不振に陥り、以後ローマでは大した作品を描くこともないまま1609年に没した。

サンタ・カテリーナ・デイ・フナーリ聖堂

この教会の入って右の最初の礼拝堂にはアンニーバレ・カラッチの《聖マルガリータ》がある。カラヴァッジョの項で述べたサンタ・マリア・デル・ポポロ聖堂の《聖母被昇天》とともに、ローマの教会に設置されて現存するアンニーバレの貴重な作品。1597年から99年頃、この絵が設置されたとき見にきた多くの観衆の中にカラヴァッジョもおり、彼は長時間眺めると「自分の生きている時代に真の画家を見ることができてうれしい」と絶賛したと伝記作者ベッローリが伝えている。聖女の姿はアンニーバレが1592年にボローニャで描いた《聖ルカの聖母》(ルーヴル美術館蔵)からそのまま採られているが、確かなデッサンに基づく堅固な人物描写や背後の風景との調和など、アンニーバレの優れた資質を見ることができる。

この教会にはこの作品とほぼ同じ頃シピオーネ・プルツォーネが描いた《聖母被昇天》やズッカリ、ムツィアーノらの作品があるが、残念ながら閉まっていることが多い。

サントノーフリオ・アル・ジャニコロ聖堂

右の二番目の礼拝堂の祭壇画が《ロレートの聖母》である。長らくカラッチ工房またはドメニキーノ作とされてきたが最近の研究でアンニーバレの真筆であることが明らかになった。聖家が飛来したという伝承をあつかった主題の典型的な図像を示している。サンタゴスティーノ聖堂にあるカラヴァッジョの、同主題でありながらまったく異なる解釈による作品(→p.37)と比べると興味深い。

アンニーバレ・カラッチ《豆を食べる男》コロンナ美術館

コロンナ美術館

ローマの名門貴族コロンナ家の邸館を美術館にしたもので、日曜日しかあいていない。コロンナ家出身の15世紀の教皇マルティヌス5世によって建造され、18世紀まで幾度も改修されている。この美術館にある最高の傑作は、アンニーバレ・カラッチの《豆を食べる男》(1583～84)である。寓意や教訓を感じさせず、黙々と豆を口に運ぶ農夫をスナップショット的にとらえたのみのこの作品はイタリアで勃興しつつあった風俗画のもっとも純粋な形を示したと同時に近代的な写実主義の幕開けを告げた「永遠の名作」である。大広間には、ジョバンニ・コッリとフィリッポ・ゲラルディが、コロンナ家のもっとも誇るべき歴史であるレパント海戦を描いた大天井画(1674～75)が目を覆う。

サンタ・チェチリア・イン・トラステヴェレ聖堂

音楽の守護聖人として知られる聖チェチリアの邸宅跡に5世紀以前に建てられたこの教会は、内陣に9世紀のモザイクが残っている。現在の堂々とした入口は18世紀

グイド・レーニ（1575〜1642）

　カラッチ工房の筆頭がグイド・レーニであり、その優美な画風は19世紀まで非常に賞賛されたが、20世紀になって俗っぽくて甘すぎると評価が下降した。現在でも軽視され、まだ誤解されているかもしれない。ヨーロッパ中の美術館にもあるレーニを見ても、まして図版で判断してもこの画家の本質はわからず、壁画や聖堂の中にある作品を一度でも現地で見れば、その美しさと偉大さがわかるはずである。ボローニャにある後期の作品もよいが、やはりローマにある壁画が最高である。

　レーニはボローニャでフランドル人のマニエリスムの画家ドニ・カルフェールトに入門したが、カラッチ一族の工房（アカデミア・デリ・インカンミナーティ）に入り、自然観察とともに古代彫刻やラファエロを研究して1599年頃ローマに出る。ローマでは一時カラヴァッジョの強い影響を受けるが、やがて冷ややかで優美な画風を確立し、《アウロラ》などの傑作を描く。しかしこの壁画が完成して名声の頂点を迎えた1614年にボローニャに帰郷してしまい、以後はローマからの注文に応じて作品を送ることはあっても基本的にボローニャで活動した。晩年は、淡い色調と省略した筆触が顕著な表現主義的な画風に到達している。

グイド・レーニ《大天使ミカエル》サンタ・マリア・デラ・コンチェツィオーネ聖堂

ステファノ・マデルノ《聖チェチリア》サンタ・チェチリア・イン・トラステヴェレ聖堂

サンタ・チェチリア・イン・トラステヴェレ聖堂主祭壇下にチェチリアの棺とマデルノの彫刻がある。

グイド・レーニ《聖チェチリアとヴァレリアヌスの戴冠》
サンタ・チェチリア・イン・トラステヴェレ聖堂

にフェルディナンド・フーガが設計したものとされている。

　1599年、スフォンドラート枢機卿が改築を進めていたところ、祭壇の下からまったく腐っていない聖女の遺体が発見された。眠るがごときこの小柄な遺体をステファノ・マデルノが正確に大理石で写し取り、シエナ出身の画家フランチェスコ・ヴァンニが聖女の死の場面を想像して描いた。マデルノの彫刻は、1293年に作られたアルノルフォ・ディ・カンビオによる主祭壇(チボリオ)の棺の上に設置されたが、聖女の遺体発見のニュースはチェチリアブームを引き起こし、1600年の聖年の最大の呼び物となった。同年、チェチリアが3日間も蒸気による拷問を受けたという浴室(カリダリウム)も整備され、スフォンドラート枢機卿はグイド・レーニに壁画を描かせた。《聖チェチリアとヴァレリアヌスの戴冠》と《聖チェチリアの殉教》である。婚約者ヴァレリアヌスが、キリスト教に入信したチェチリアに証拠を見せろというと天使が現れて二人に冠を授けたという場面と、これを見て入信したヴァレリアヌスとチェチリアが拷問のすえ斬首されて殉教する場面である。この浴室礼拝堂は教会の右側に入った部屋だが閉まっていることもある。

　この教会にはほかにも、フランドル人でローマにおける風景画の先駆者パウル・ブリルの風景画による装飾やカラヴァッジョのライバルであったバリオーネによる聖人像を見ることができ、付属修道院には1900年に偶然発見された13世紀のローマ派の巨匠ピエトロ・カヴァリーニの壮大な《最後の審判》がある。

サン・グレゴリオ・アル・マーニョ聖堂付属礼拝堂　左がサンタ・バルバラ礼拝堂、中央がサンタンドレア礼拝堂、右がサンタ・シルヴィア礼拝堂。

クイリナーレ宮殿

　1609年から12年にかけて、レーニはパウルス5世の依頼により教皇の個人礼拝堂であったアヌンチャータ礼拝堂を装飾した。助手としてアンニーバレ・カラッチの養子アントニオ、アルバーニ、ランフランコらも参加している。祭壇は受胎告知、壁画は聖母の誕生と聖母の少女時代、天井はダイナミックな聖母被昇天である。残念ながら通常は公開していない。

サン・グレゴリオ・アル・マーニョ聖堂

　大グレゴリウスに捧げられたこの聖堂は1629年から31年にかけてジョヴァンニ・バッティスタ・ソリアが建てたものだが、重要なのはその左にある三つの小さな礼拝堂である。これはローマの貴族の邸宅であったというが、1602年から06年にかけてチェーザレ・バロニオ枢機卿が改修にあたり、1607年から08年にかけてシピオーネ・ボルゲーゼ枢機卿がこれを引き継いだ。1600年前後には古代の建築を改修して新たに装飾する事業が流行したが、この礼拝堂群はその最たるもので、厳格なバロニオの趣味から華やかなボルゲーゼのそれにいたる変遷を見ることができる。

　正面左のサンタ・バルバラ礼拝堂は、大グレゴリウスが貧者を招いて食事をしたという空間であり、中央に大きな石の台がある。正面にはニコラ・コルディエによるグレゴリウスの彫像、周囲はこの食事の情景をはじめ、聖母の顕現などグレゴリウスの生涯を主題としたアントニオ・ヴィヴィアーニの壁画（1602）である。ヴィヴィアーニはフェデリコ・バロッチの弟子で、師の色彩豊かで優美な画風を継承している。中央のサンタンドレア礼拝堂は、正面にはバロニオがクリストファノ・ロンカッリに《聖母子と聖アンデレ、聖グレゴリウス》を描かせたが、その後シピオーネ・ボルゲーゼが1608年に左右に大きな壁画を制作させた。左はレーニの《刑場に引かれる聖アン

サン・グレゴリオ・アル・マーニョ聖堂
❶グイド・レーニ《刑場に引かれる聖アンデレ》 ❷ドメニキーノ《聖アンデレの笞打ち》
❸サンタ・シルヴィア礼拝堂　グイド・レーニによる装飾　❹サンタンドレア礼拝堂内部

サン・グレゴリオ・アル・マーニョ聖堂付属サンタ・バルバラ礼拝堂　ヴィヴィアーニによる壁画とコルディエによる彫像

デレ、右はドメニキーノの《聖アンデレの笞打ち》という、聖アンデレ伝でもあまり造形化されることのなかったエピソードをあつかっている。いずれも多数の人数が登場する横長の大画面だが、レーニ作品のほうが屋外で、樹木などの風景表現も多彩な複雑な構成を示しているのに対し、ドメニキーノ作品は室内で、水平線と対角線を中心とした厳格な構成になっている。一見するとバロックと古典主義との対比を感じさせるが、暴力的な刑吏や子供を抱く母親のような共通するモチーフもあり、同居していたという二人の画家が相談して構想したのではないかと思えてくる。

レーニはこの隣のサンタ・シルヴィア礼拝堂のアプスに合唱する天使と父なる神の壁画を描いているが、これも1609年、ボルゲーゼ枢機卿の依頼によるものである。

この礼拝堂群は以前は拝観が困難であったが、近年修復されて公開されるようになった。

サンタ・マリア・マッジョーレ聖堂

聖母に捧げられた教会のうちでもっとも重要なこの教会は、教皇リベリウスに356年8月5日の夜、聖母が教会を建立すべき

サンタ・マリア・マッジョーレ聖堂システィーナ礼拝堂

第2章 ローマ・バロックの展開

フーガ、サンタ・マリア・マッジョーレ聖堂ファサード

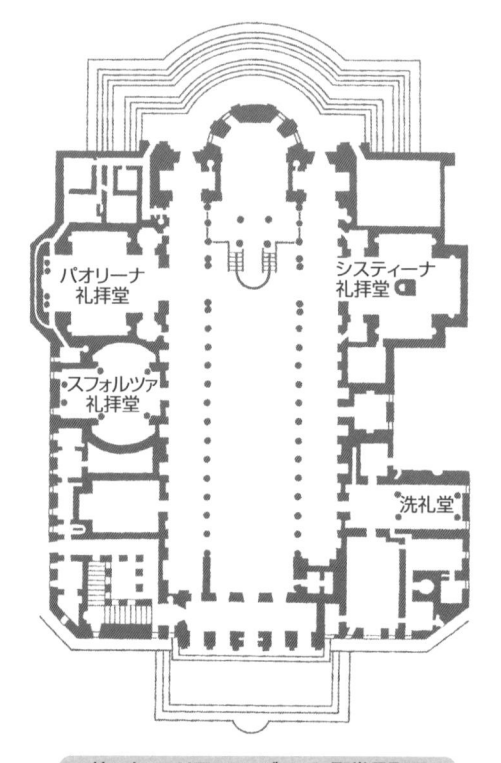

チゴリ《無原罪の御宿り》サンタ・マリア・マッジョーレ聖堂パオリーナ礼拝堂ドーム

サンタ・マリア・マッジョーレ聖堂見取図

場所に雪を降らせた伝説に由来し、431年に聖母を「神の母」と認定したエフェソス公会議後にシクストゥス3世によって建てられた。14世紀にはローマでもっとも高い鐘楼が建てられ、歴代の教皇が修復と改築に努めてきた。吹抜けの柱郎が壮大な印象を与えるファサードは1741年から43年にフェルディナンド・フーガが建造した。

　エスクイリーノ広場に面したアプスの外観（頭部）は1669年から75年にかけてカルロ・ライナルディが階段とともに付け加えたものである。身廊と勝利門には聖母伝や旧約の物語を表した5世紀のみごとなモザイクがあり、アプスにはローマ派の画家ヤコポ・トリーティによる壮麗なモザイク《聖母戴冠》(1295)がある。

　左右の翼廊はカトリック改革期から初期バロック期の重要な礼拝堂になっている。右側はシスティーナ礼拝堂であり、教皇庁を刷新しローマの街を大改造したシクストゥス5世が1584年から87年にかけてドメニコ・フォンターナに作らせたものであり、ジョヴァンニ・グエッラとチェーザレ・ネッビアが内装を指揮した。左側のパオリーナ礼拝堂はボルゲーゼ家のパウルス5世が1605年から11年にかけてフラミニオ・ポンツィオに建設させたものである。前者は彫刻家ヴァルソルドによるシクストゥス5世像を中心として、チェーザレ・ネッビ

ピエトロ・ベルニーニ《聖母被昇天》サンタ・マリア・マッジョーレ聖堂

ヴァサンツィオ、パラッツォ・ロスピリオージ・パラヴィチーニ外観

アとジョヴァンニ・グエッラによるフレスコで装飾されている。聖ルカが描いたとされた聖母子のイコンを祀ったこの礼拝堂の装飾はカヴァリエール・ダルピーノの構想と監督のもと、バルダッサーレ・クローチェやバリオーネが腕をふるい、ヴォールト天井とルネッタには、1610年から12年、グイド・レーニによって聖人像が下から見上げたように描かれている。円蓋にはチゴリによる《無原罪の御宿り》が描かれており、聖母の乗る三日月には、画家が望遠鏡を発明したガリレオの友人であったあかしのように、クレーターが見える。

　この礼拝堂の装飾は、ダルピーノら後期マニエリスムの「保守派」、チゴリに代表される「改革派」、レーニやランフランコらの「近代派」が混在しており、過渡期のローマ画壇をよく物語っている。右側廊にある洗礼堂は1605年にポンツィオが設計

し、主祭壇にはベルニーニの父ピエトロ・ベルニーニの代表作《聖母被昇天》の浮彫（1608〜10）がある。また、スフォルツァ礼拝堂はミケランジェロの設計に基づき、1564年から73年にかけてティベリオ・カルカーニとジャコモ・デラ・ポルタが建造したものである。

パラッツォ・ロスピリオージ・パラヴィチーニ

　この小宮殿はシピオーネ・ボルゲーゼ枢機卿がフラミニオ・ポンツィオの後継者でオランダ人の建築家ジョヴァンニ・ヴァサンツィオ（ヤン・ファン・サンテン）に建てさせたものであり、内部はシピオーネが愛好した画家たちに装飾させた。中でも、1612年にグイド・レーニに依頼された天井画《アウロラ》は、レーニがローマに残した作品のうちでもっともみごとで重要な壁画である。暁の女神アウロラに先導されて夜を払拭する太陽神アポロとミューズたちが優雅なリズムを作りながら進んでいく情景であり、流麗な線描によるみごとな構成と美しい色彩によって見る者を魅了せずにはいない。とくに暁の光の黄や海の青は複製図版では想像できないほど鮮烈であ

第2章 ローマ・バロックの展開　59

る。師アンニーバレ・カラッチのガレリア・ファルネーゼ天井画と同じく、壁にかかった絵を天井に移したような「クアドリ・リポルターティ」であり、下から見上げた視点は考慮されていない。ゲーテが「世界一美しい絵」であると激賞したのもうなずけよう。

毎月1の日に一般公開されているが、それ以外の日にもあらかじめこの館にメールで申し込んで見学させてもらうことができる。

サンティッシマ・トリニタ・デイ・ペレグリーニ聖堂

聖年にローマにくる巡礼者のために1603年から16年にかけて建てられたこの教会はレーニの主祭壇画で名高い。ボローニャに落ち着いていたレーニが1625年にローマにきて制作したことがわかっている。三位一体という教条的な主題をあつかいながら、磔刑像と父なる神が劇的な構成を作り出しており、レーニのうちでもっともバロック的な作品であるといわれる。レーニは信者の遠くからの視点や教会内の薄暗さを考慮しなかったとマルヴァジアは伝えているにもかかわらず、今日この教会に入るとレーニの祭壇画がいきなり目に飛び込んでくるようであり、教会の空間にみごとに調和している。この教会は残念ながら閉まっていることが多い。

グイド・レーニ《アウロラ》パラッツォ・ロスピリオージ・パラヴィチーニ

グイド・レーニ《磔刑》サン・ロレンツォ・イン・ルチーナ聖堂主祭壇

サン・ロレンツォ・イン・ルチーナ聖堂フォンセカ礼拝堂　左に《ガブリエレ・フォンセカ像》が見える。

第2章 ローマ・バロックの展開

サン・ロレンツォ・イン・ルチーナ聖堂

ローマ時代の月の女神の神殿の上に13世紀に建てられたこの名刹に入ると、正面の祭壇にレーニの磔刑像が見えてくる。1639年から42年の晩年に制作された作品だが、ほかのレーニ作品と同じく、いやそれ以上にこの絵はその場で出会わなければ、そのすばらしさはわからないだろう。モデナのエステンセ美術館などにも、レーニによる類似の磔刑像があるが、これほどの強烈な印象を覚えない。やはり信仰が生きている教会の祭壇になければ作品の生命は弱まってしまうのだ。美術史上、無数に描かれた十字架のキリストのうちで、この作品は1、2位を争う傑作であり、ローマにある絵画で最上のものであることはまちがいない。この作品を取り巻く黒大理石による壮麗な主祭壇は1669年にカルロ・ライナルディが造営したものである。

この教会には右第四礼拝堂にベルニーニ

ドメニキーノ（ドメニコ・ザンピエーリ）（1581〜1641）

ボローニャ派の中でもっとも古典主義的傾向が強く、17世紀以降の古典主義の大きな潮流を作り出した。ボローニャに生まれ、1602年にローマに出てアンニーバレのファルネーゼ宮殿ガレリアの装飾を手伝う。1608年、グイド・レーニとともに従事したサン・グレゴリオ・アル・マーニョ聖堂サンタンドレア礼拝堂の壁画ではすでに古典主義的な厳格な構成を示し、同時期のグロッタフェラータのサン・ニーロ礼拝堂装飾では正確なデッサンに基づく群像構成を展開した。サン・ルイジ・デイ・フランチェージ聖堂のサンタ・チェチリア礼拝堂の《聖チェチリア伝》（1611）でも厳格な古典主義を示す。

理論家アグッキの影響と庇護を受けた彼の理想主義的な古典主義は、《聖ヒエロニムスの最後の聖体拝領》（→p.46）や《ディアナの狩猟》（→p.44）のようなタブローでも発揮されたが、サンタンドレア・デラ・ヴァッレ聖堂の装飾ではドームの天井画を描いたランフランコの影響からやややバロック的な性格を示した。ボローニャ派のうちではもっともバロック的なランフランコとはつねに仕事をめぐってライバル関係にあったが、多くの教会で競作している。1630年にはナポリのドゥオーモの装飾のためにナポリに赴くが、地元の画家たちの激しい反発を受け、そこで没した。その後この仕事を完成させたのはランフランコであった。

ドメニキーノ《偶像崇拝を拒む聖チェチリア》
いずれも、サン・ルイジ・デイ・フランチェージ聖堂

ドメニキーノ《聖チェチリアの昇天》

によるフォンセカ礼拝堂(1664)がある。祭壇にはクイリナーレ宮殿にあるレーニの受胎告知をルドヴィコ・ジミニャーニが模写した円形画面がかけられている。左の側壁にはガブリエーレ・フォンセカの胸像が設置されているが、胸に手をあて、祭壇の《受胎告知》を見つめており、彫刻と絵画が呼応するベルニーニ独自の空間構成を示す。

　そのほか、左第五礼拝堂側壁にはフランス17世紀最大の巨匠シモン・ヴーエによる1624年の傑作、《聖フランチェスコへの着衣》と《聖フランチェスコの誘惑》があり、のちにフランスの宮廷画家となって華麗な画風を展開するこの画家がカラヴァッジョに強く影響されていた頃の優れた資質をうかがうことができる。左第二礼拝堂にはカラヴァッジョの優れた追随者カルロ・サラチェーニの《聖カルロ・ボロメオ》がある。

サンタ・マリア・デラ・コンチェツィオーネ聖堂

　ヴェネト通りの入口にあるこのカプチーノ会の聖堂は、骸骨寺として有名だが、ウルバヌス8世の弟アントニオ・バルベリーニ枢機卿が改修した。最上部の聖堂内にはボローニャ派による重要な絵画がある。まず右第一礼拝堂にグイド・レーニの《大天使ミカエル》(1635、→p.53)がある。疫病を退治するこの天使はカトリック圏で広い信仰を集めてきたが、このレーニの画像ほど何度も模写されて普及したイメージはない。

　側壁にはオランダの初期のカラヴァッジェスキを代表する画家ヘリット・ファン・ホントホルストの《キリストの嘲弄》がある。その隣にはランフランコの《生誕》、その隣にはドメニキーノの《聖フランチェスコの聖痕拝受》がある。左第一礼拝堂にはカラヴァッジョの《瞑想する聖フランチェスコ》があるが、これはここからほど近いバルベリーニ美術館にあるバージョンに対してレプリカとされてしまった。

サンタンドレア・デラ・ヴァッレ聖堂

　1591年にピエトロ・パオロ・オリヴィエーリによって着工され、カルロ・マデルノの案に従って1650年に献堂されたこのテアティノ会の聖堂はイル・ジェズ聖堂の流れを汲む大規模な聖堂であり、広大で明るい内部空間をもっている。ファサードは1656年から65年にかけてカルロ・ライナルディとカルロ・フォンターナによって作られた。

　この聖堂の装飾は、アプスとペンデンティヴはドメニキーノ、ドームの内部はラン

ライナルディ、フォンターナ、サンタンドレア・デラ・ヴァッレ聖堂外観

サンタンドレア・デラ・ヴァッレ聖堂　ドーム天井画はランフランコ《聖母被昇天》、ペンデンティヴはドメニキーノ《四福音書記者》(上)、内陣祭壇画《聖アンデレの殉教》はマッティア・プレーティによる(下)、上部はドメニキーノによる《聖アンデレ伝》

フランコという、同門の有名なライバルが競い合ったものである。1625年から28年にかけて制作されたランフランコの天井画は、多くの人物たちが渾然一体となった華やかな天国の情景を表現したものである。バロックのドーム装飾の範となったこの天井画によって盛期バロックが始まったとされている。ランフランコの故郷パルマにあるコレッジョの天井画、とくにドゥオーモの《聖母被昇天》(1526〜28)を蘇らせたものだが、ボローニャ派の中でもレーニやドメニキーノの影にあって大きな仕事に恵まれなかったランフランコはこの天井画の成功によって脚光をあび、1643年にナポリのドゥオーモに、さらにこれを大規模にしたものを描いている(→p.106)。

　一方、アンデレ伝と四福音書記者を描い

たドメニキーノの壁画は、ランフランコのバロック性に引きずられて古典主義者のこの画家にしてはめずらしく激しい動作と構図を示したものとなっている。主祭壇《聖アンデレの殉教と埋葬》は1650年から51年にかけてマッティア・プレーティ(→p.104)によって制作された。

サン・カルロ・アイ・カティナーリ聖堂

　ミラノの聖人カルロ・ボロメオに捧げられたこの聖堂はロザート・ロザーティによって建てられ(1612〜20)、ジャン・バッティスタ・ソリアによってファサード(1636〜38)が作られた。ドームのペンデンティヴには、1627年から30年にかけてドメニキーノによって四枢要徳(剛毅・賢明・節制・正義)の擬人像が描かれているが、サ

サン・カルロ・アイ・カティナーリ聖堂ドーム　ペンデンティヴ《四枢要徳》はドメニキーノによる
下、ランフランコ《受胎告知》サン・カルロ・アイ・カティナーリ聖堂

第2章 ローマ・バロックの展開

グエルチーノ《アウロラ》カジノ・ボンコンパーニ・ルドヴィシ

ンタンドレア・デラ・ヴァッレ聖堂のときよりも抑制された古典的な様式を示している。アプスにはランフランコによるバロック的な《聖カルロの栄光》が描かれ、また右第一礼拝堂にもランフランコの《受胎告知》があり、この聖堂にもやはりドメニキーノとランフランコのライバルが同居しているのが興味深い。主祭壇画は1576年から78年までミラノで流行したペストの際の聖人の献身的な働きを描いたピエトロ・ダ・コルトーナの《聖カルロの行列》(1667)である。

サンタ・マリア・イン・トラステヴェレ聖堂

3世紀のカリストス1世が創建したと伝えられ、幾度かの改修を経て12世紀にイノケンティウス2世が改築し、翼廊を加え、アプスをモザイクで飾った。1702年、カルロ・フォンターナがファサードを改修し、柱廊玄関を付け加えた。内陣のモザイクは12世紀のものに加え、1291年にローマ派の巨匠ピエトロ・カヴァリーニによる聖母伝がある。木製の格天井は1617年にドメニキーノがデザインしたものであり、中央に《聖母被昇天》が描かれている。内陣左のアルテンプス礼拝堂には祭壇に有名なイコン《クレメンツァの聖母》(6〜7世紀)があり、パスクアーレ・カーティによる聖母伝のみごとな天井画とピウス4世や預言者の像、《トレント公会議図》の壁画(1588)がある。

カジノ・ボンコンパーニ・ルドヴィシ

ルドヴィコ・ルドヴィシ枢機卿が1621年から23年にかけて建てたヴィラで、1825年から51年にかけてボンコンパーニ・ルドヴィシが増築した。一階の「アウロラの間」の天井には、グエルチーノの代表作《アウロラ》(1621)が描かれている。パラッツォ・ロスピリオージ・パラヴィチーニのグイド・レーニの同主題作品と比べると興味深い(→p.60)。グエルチーノはレーニと違って下から見上げた視点でアウロ

ラと馬車をとらえ、ダイナミックな構成にしている。レーニ作品が壁にかかった絵を天井に移したような「クアドリ・リポルターティ」であり、グエルチーノ作品は下から見上げるような構成の「クアドラトゥーラ」である。これを可能にした建築的枠組みは、遠近法を駆使するこうした建築装飾を専門としたクアドラトゥリスタの代表的画家であるアゴスティーノ・タッシによるものである。半円形の部分(ルネッタ)もグエルチーノによるものであり、左が《夜の寓意》、右が《昼の寓意》である。「風景の間」は、グエルチーノ、ドメニキーノ、パウル・ブリルらによる風景画によって装飾されており、天井はおそらくアントニオ・チルチニャーニによって《プットーの踊り》が描かれている。二階の部屋の入口の外の天井には、カラヴァッジョによる唯一の壁画《ユピテル、ネプトゥルヌス、プルート》(1597)がある。フレスコが描けなかったカラヴァッジョは油彩で壁に描いている。その隣の部屋にはグエルチーノとタッシによる《名声》の天井画がある。

見学は事前に申し込む必要がある。

グロッタフェラータのサン・ニーロ修道院

ローマ南東、フラスカーティにほど近いグロッタフェラータのサン・ニーロ修道院はドメニキーノの初期の傑作壁画によって名高い。イタリアにはめずらしいギリシア正教の修道院で、今なおその典礼を守り続けている。1004年にカラブリア生まれのギリシア人であった聖ニルスが創設した。院内のサンタ・マリア聖堂隣のサン・ニーロ礼拝堂を、オドアルド・ファルネーゼ枢機卿の注文でドメニキーノが1608年から09年にかけてフレスコで装飾している。

祭壇にはアンニーバレ・カラッチ作とされる聖母子と二聖人の絵があるほかはすべてドメニキーノの手になり、勝利門に受胎告知、右側壁には聖ニルスの弟子であった聖バルトロメオによる修道院の建設場面、左側壁に聖人とオットー3世の出会いの大きな画面があり、そのほか、悪魔に憑かれた少年を唇に祭壇の灯の油を塗って癒す場面や、聖人たちの前に聖母が顕現した場面などが描かれている。いずれもドメニキーノらしい入念に構想された古典的な構成と自然観察に基づく正確なデッサンが、冷たい色彩によってまとめられている。この傑作はローマ郊外の僻地にあったため、それほど影響をおよぼさなかったが、ドメニキーノの最初の大作として重要である。

ドメニキーノ《聖ニルスとオットー3世の出会い》サン・ニーロ修道院

ドメニキーノ《修道院を建設する聖ニルスと聖バルトロメオ》サン・ニーロ修道院

ベルニーニ、サンタ・マリア・デッラッスンツィオーネ聖堂、アリッチャ

ナヴォーナ広場、ベルニーニ《四大河の噴水》(中央)と、ボロミーニ、サンタニェーゼ・イン・アゴーネ聖堂(左)

3 ベルニーニの劇場

　現実性を取り込んだカラヴァッジョ的なヴィジョン表現は、ベルニーニによって発展し、完成した。《アポロンとダフネ》や《プロセルピナの略奪》(→p.44)など、超絶的な技術によって大理石彫刻の限界にいどんだ一連の彫刻を制作していたベルニーニは、前述のサン・ピエトロ聖堂のバルダッキーノ建設のほか、1624年から26年にかけてこぢんまりとしたサンタ・ビビアーナ聖堂を設計し、主祭壇を自らの彫刻で飾ったが、こうした経験を通じて、彼は彫刻と空間との関係や空間の聖化という課題について鋭敏になっていった。

　1647〜52年に制作されたサンタ・マリア・デラ・ヴィットーリア聖堂のコルナロ礼拝堂は、総合芸術、つまりバルディヌッチのいう「建築・彫刻・絵画を統合した美しい総合物(ベル・コンポスト)」の典型である。天使から矢を差し込まれて恍惚とするアビラの聖テレサの像(→p.73)が正面の楕円形の

壁龕に設置され、両側面には劇場の桟敷席のようにコルナロ一族の胸像が四人ずつ配され、この神秘劇を眺めている。その視線と身振りによって、あたかも聖女と天使は彼らの信仰が生み出したヴィジョンであるように見える。アーチ部分にはストゥッコ彫刻の天使やプットーが舞い、天井には聖霊の鳩や天使のいる神々しい天上世界が描かれている。聖霊の鳩からは自然の光が差し込むように設計され、それは黄金に輝く管となって、天使と聖女に降りそそいでいる。聖女は胸を射抜かれる痛みとその喜びから恍惚状態に陥り、ぐったりと四肢を垂らしている。跣足カルメル会の創始者アビラのテレサは多くの神秘体験を経験したことで知られ、1622年にロヨラ、ザビエル、ネーリとともに列聖された。中でも天使に矢で胸を射抜かれる幻視はしばしば造形化された。苦痛を感じることは「キリストに倣う」ことの実践であり、キリストへの狂おしいほどの熱情は、肉体的な痛みをも霊的な喜びに変容させたのである。演劇的でありながら、舞台と観客との境界は取りはらわれ、観客はコルナロ家の人々とともに直接ヴィジョンに参加することになる。

　ベルニーニが晩年、1671〜74年に制作したサン・フランチェスコ・ア・リーパ聖堂のアルティエーリ礼拝堂は、コルナロ礼拝堂ほど大規模ではなく、どちらかといえば簡素でありながら、より深い精神性をたたえている。死にゆく福者ルドヴィカ・アルベルトーニ(→p.75)は苦痛と法悦のあわいで悶え、彼女の魂が天で迎えられることを示すように、その背後には幼児キリストに手を伸ばす聖アンナを表したバチッチアによる絵画が設置されている。建築、彫刻、絵画が融合してひとつの幻視劇を構成していたコルナロ礼拝堂とは対照的に、ここでは建築、彫刻、絵画の役割がはっきり区別されているが、より抽象的なレベルでそれらが統合されているといえよう。観者には見えない祭壇背後の窓から差し込む光が白大理石のルドヴィカの法悦を浮かび上がらせており、彼女の大きな身振りや乱れた衣文にもかかわらず、驚くほど静謐で深い瞑想性をたたえた空間となっている。

　ベルニーニが1658年から70年にかけて建築から内部装飾

まですべてをてがけたサンタンドレア・アル・クイリナーレ聖堂は、小規模ながら建築から内部装飾まで、ひとつの聖堂すべてに、ベルニーニの総合芸術の理想が体現されている。そのため建築と装飾とが完全に調和し、聖堂自体がひとつの劇場となっている。楕円形のプランをもった聖堂に入ると正面の祭壇にはイエズス会士グリエルモ・コルテーゼが聖アンデレの磔刑を描いた祭壇画があり、その上方には殉教した聖アンデレの魂を表す雲に乗った聖人の大理石像が、天使や聖霊のちりばめられた放射状の装飾の施された金地の楕円形の天井に向かって昇天していく。父なる神が描かれた塔頂部からは光が差し込み、聖人を迎え入れるかのようだ。つまり、まず観者の前に説明的なナラティヴな殉教図が展開し、その上部に具象的だがやや抽象化されたモノクロームの聖人像が現れ、それが天国を想起させる抽象的な金地の天井に向かい、神の存在を示す堂内に差す光にいたるという、具象から抽象、死から生、人間から神、現世から来世、物質から精神に向かう階層的な構造が見られるのである。この楕円形の聖堂内は祭壇から天井にいたるまですべてが聖人の殉教から昇天にいたる情景を演出する劇場となっており、そこに足を踏み入れた者は、昇天する聖人とともに堂内に差し込む光をあび、神の栄光を感じるのである。しかし、聖堂中央に立って父なる神のいる天に目を上げるとき、もはや聖人の殉教図も昇天するその魂も目に入らず、自らに降りそそぐ恩寵の光を感じるのみとなる。

1676年から79年にかけて彼が構想したというイル・ジェズ聖堂の天井画《イエスの御名の勝利》(→カバー表)では、弟子の画家バチッチアの大壁画を中心に、ストゥッコ彫刻や建築的枠組みが渾然一体となったまばゆいばかりに華麗な空間が見上げる者を陶酔させるのである。

ベルニーニのローマを歩く

サンタ・ビビアーナ聖堂

　ベルニーニの最初の建築作品。5世紀に建立された古刹だが、1623年に主祭壇の下から聖女の遺体が発見されたことからウルバヌス8世の命でベルニーニが全面改修にあたった。ファサードは三つのアーチをもつロッジアの上にパラッツォのように三つの窓がある上部が載る簡素で独創的な様式である。主祭壇にはアーチに囲まれた壁龕がありその中にはベルニーニ自身による等身大の聖女像が立っている。これは、柱に縛られて死ぬまで笞打たれて殉教したという聖女の死ぬ瞬間を表したものといわれており、円柱に寄りかかって殉教の象徴である棕櫚（しゅろ）の葉を持つ聖女は天を見上げて法悦の至福の表情を見せている。ボルゲーゼ美術館にある諸作品において、人物の激しい動きの表現を究めつくしたベルニーニは、この作品ではじめて内面的な要素、精神性や宗教性を彫刻において表現することになった。また聖女の像にもっとも効果的な光が降りそそぐよう隠し窓を作ってお

ジャンロレンツォ・ベルニーニ（1598～1680）

　ローマのバロックを体現する巨匠。ベルニーニの創造をぬきにしてはローマもバロックもイメージすることは不可能である。父ピエトロ・ベルニーニも優れた彫刻家で、サンタ・マリア・マッジョーレ聖堂にある浮彫《聖母被昇天》（→p.59）やスペイン広場の《小舟の噴水》などを作った。ジャンロレンツォは父のもとで早くからその才能を現し、1619年から25年にかけてシピオーネ・ボルゲーゼ枢機卿の庇護を受けて幾多の彫刻の傑作を作った。これらの傑作群はボルゲーゼ美術館でまとめて見ることができる。その後教会の建築や祭壇をてがけるようになり、1623年にウルバヌス8世が即位するとサン・ピエトロ大聖堂の仕事などに従事するようになった。宮殿、広場や噴水などその活動は次第に都市のスケールにおよび、アレクサンデル7世の命でサン・ピエトロ広場を設計するにいたる。

　彼が建築を設計して内部装飾にもたずさわったもの（サンタ・ビビアーナ聖堂、サンタンドレア・アル・クイリナーレ聖堂など）、聖堂内の礼拝堂あるいは記念碑を設計したもの（サンタ・マリア・デラ・ヴィットーリア聖堂、サン・フランチェスコ・ア・リーパ聖堂、サン・ピエトロ大聖堂など）がある。世俗建築（パラッツォ・ディ・モンテチトーリオ、パラッツォ・キージ・オデスカルキなど）や広場あるいはその彫刻を設計したもの（トリトーネの噴水、四大河の噴水、サン・ピエトロ広場など）も重要である。ローマを歩き回ればこの巨匠の創造のスケールの大きさと深さを体感することができよう。ローマ近郊のアリッチャにも足を伸ばして彼が建てた壮麗なサンタ・マリア・デッラッスンツィオーネ聖堂（→p.68）も見たい。

ピエトロ・ベルニーニ《小舟の噴水》スペイン広場

ベルニーニ、サンタ・ビビアーナ聖堂外観

コルトーナ《皇帝像の崇拝を拒む聖ルフィーナ》サンタ・ビビアーナ聖堂

ベルニーニ、サンタ・ビビアーナ聖堂主祭壇

り、空間と像を一体化させようとする意図が感じられる。その意味でこの像はその後の彼の豊かな宗教的造形を先駆するものである。なお身廊には左側にピエトロ・ダ・コルトーナ、右側にアゴスティーノ・チャンペッリによる聖女伝の壁画がある。フィレンツェの改革派の画家で1600年前後にローマの多くの聖堂に壁画を描いたチャンペッリの穏健な作風に対して、若いコルトーナの様式はバロック的であり、とくに《皇帝像の崇拝を拒む聖ビビアーナ》では、大きな身振りや奥行きを強調する構成に、やがて盛期バロックを牽引することになるこの画家の資質がよく表れている。

サンタ・マリア・デラ・ヴィットーリア聖堂

　サンタ・スザンナ聖堂の隣に建ち、ほぼ同じファサードを見せているが、これは1608年から20年にかけてシピオーネ・ボルゲーゼ枢機卿がやはりカルロ・マデルノに設計させたもので、1626年にジョヴァンニ・バッティスタ・ソリアが完成させた。何よりも重要なのは内部のコルナロ礼拝堂で、これは1642年から52年にかけてベルニーニが建築・彫刻・絵画を組み合わせて作り上げた総合芸術の傑作である。中央の《聖テレサの法悦》は、16世紀スペインの聖女アビラのテレサの有名な幻視体験、つまり天使が金の矢で聖女の胸を刺しつらぬくさまを表したものだが、そこに天からの光が降りそそぐように上部に明り取りの隠し窓を作り、さらに彫像の背後に金色の光の束を設置して絵画的に表現した。さらに天井には天国の壁画、側壁絵には聖女の法悦を見つめるコルナロ家の人々が桟敷席にいるかのごとく配されており、観者

ベルニーニ《聖テレサの法悦》サンタ・マリア・デラ・ヴィットーリア聖堂コルナロ礼拝堂

は彼らとともに聖女の法悦を目撃することになる。礼拝堂全体をひとつの劇場のように構想した初の試みであり、バロックの美意識をこれ以上雄弁に示すモニュメントはない。

　右第二礼拝堂にはドメニキーノの鮮やかな《聖フランチェスコの幻視》(1630)、左第三礼拝堂にはグエルチーノの《聖三位一体》がある。

　通りの反対側には、古代のクラウディア水道を改修してローマに豊富な水を供給した工事の成功を記念して、シクストゥス5世が1587年にドメニコ・フォンターナに作らせた《モーセの泉(アックア・フェリーチェ)》がある。

サンタンドレア・アル・クイリナーレ聖堂

　ボロミーニの代表作サン・カルロ・アレ・クアトロ・フォンターネ聖堂からほど近く、同じ「9月20日通り」に建つこの聖堂は

ベルニーニ、サンタンドレア・アル・クイリナーレ聖堂主祭壇

ベルニーニの最高傑作のひとつである。彼自身が深く帰依していたイエズス会のために1658年から70年にかけて建造された。2本の付柱と大きなペディメントに囲まれたファサードに、2本の円柱に支えられた

第2章　ローマ・バロックの展開 | 73

ベルニーニ《トリトーネの噴水》バルベリーニ広場

ベルニーニ、サンタンドレア・アル・クイリナーレ聖堂　外観(上)、ドーム天井(下)

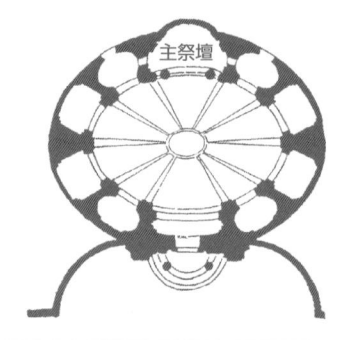

サンタンドレア・アル・クイリナーレ
聖堂平面図

玄関(ポルティコ)が半円状に張り出しており、簡素な小神殿のようにユニークなファサードである。縦長の楕円形プランであったボロミーニに対し、横長の楕円形のプランをもち、入口から主祭壇までが非常に近い特殊な空間となっている。色大理石の円柱で囲まれた豪華な祭壇にはグリエルモ・コルテーゼ(ボルゴニョーネ)による《聖アンデレの殉教》がかかり、その上のペディメントには昇天する聖人の彫像が設置され、塔頂部から光が降りそそぐように金色のストゥッコが放射状に伸びる華麗な天井には天使の彫像がこれを迎えるかのように配されている。聖人の殉教と昇天が空間全体を用いて表現されており、建築から内部装飾を一体化した総合芸術が完全に達成されている。ボロミーニの抽象的でモノクロームの空間と鮮やかな対照をなす色彩豊かで流動的な空間となっている。

バルベリーニ広場

　中央で高く水を吹き上げている《トリトーネの噴水》は、ベルニーニがウルバヌス8世のために制作したもの(1642〜43)であり、ヴェネト通りの入口にはバルベリーニ家の紋章である蜂をあしらった小さな《蜂の噴水》(1644)があるが、これは修復の過程で当初のベルニーニのものからかけ離れ

たものになっているらしい。

ナヴォーナ広場

　ローマでもっとも人気のあるこの広場（→p.68）は、元来ドミティアヌス帝の競技場であり、そのため北端がゆるやかなカーブを描く細長い馬蹄形をしている。聖女アグネスが殉教した地であるとされる。パンフィーリ家のイノケンティウス10世が広場に面するパラッツォ・パンフィーリとともに整備を進め、ベルニーニとボロミーニを起用することで壮麗なバロック的空間に変貌させた。広場の中央ではベルニーニの《四大河の噴水》(1651)が、ボロミーニのサンタニェーゼ・イン・アゴーネ聖堂(→p.86)と対峙するように建っている。四大河はナイル、ガンジス、ドナウ、ラプラタで、それぞれの擬人像と動物がドミティアヌス帝のオベリスクをダイナミックに取り囲んでいる。広場の南側にあるムーア人の噴水(1654)はベルニーニのデザインに従ってアントニオ・マーリが彫ったもので、北側のネプトゥルヌスの噴水は、1575年から76年にジャコモ・デラ・ポルタが作った水盤に19世紀末の彫像が配されたものである。

サン・フランチェスコ・ア・リーパ聖堂

　10世紀に創建され、アッシジの聖フランチェスコがローマにきたとき滞在したというこの聖堂は1681年から81年にマッティア・デ・ロッシが全面的に改築した。左の翼廊にあるアルティエーリ礼拝堂にはベルニーニの晩年の傑作《福者ルドヴィカ・アルベルトーニの法悦》(1671〜75)がある。
　福者ルドヴィカ・アルベルトーニは寡婦

ベルニーニ《福者ルドヴィカ・アルベルトーニの法悦》サン・フランチェスコ・ア・リーパ聖堂アルティエーリ礼拝堂

となってから貧者の救済に尽力して1533年に亡くなった人物で、1671年に福者に列せられ、ルドヴィカの末裔であるアルベルトーニ枢機卿がベルニーニに制作を依頼したのである。コルナロ礼拝堂の《聖テレサの法悦》の延長にあるこの作品は、よりシンプルでありながらより深い精神性を表現している。ルドヴィカの棺の上に設置された彼女の彫像では、死ぬ瞬間の苦悶と法悦が、表情や身振り、そして何よりも波打つ衣襞によってみごとに表現されている。聖堂の建築をそのままにしながら背景の壁を後退させることによって、ルドヴィカの頭上から光が降りそそぐように調整されている。背後の絵はバチッチアの《聖母子と聖アンナ》であり、幼児キリストに手を伸ばす画中の聖アンナは昇天後のルドヴィカを暗示する。絵画や色大理石に囲まれたルドヴィカの彫像は白く浮かび上がり、劇的な効果を生み出している。
　左第二礼拝堂にはサルヴィアーティの色彩豊かな《受胎告知》(1534頃)やジョヴァンニ・バッティスタ・リッチのフレスコ、左第一礼拝堂には祭壇にはフランドルの画家マールテン・デ・フォスの《無原罪の御

ベルニーニ、サン・フランチェスコ・ア・リーパ聖堂
アルティエーリ礼拝堂

宿り》、左側の壁にはシモン・ヴーエの《聖母の誕生》(1618〜20)があるが、これはカラヴァッジョの影響を強く受けていたローマ滞在時のヴーエの代表作である。

サン・ピエトロ・イン・モントーリオ聖堂

ローマの町を眺望できるジャニコロの丘に建つ聖堂で、15世紀末のファサードをもっている。左二番目のライモンディ礼拝堂は1640年頃ベルニーニによる総合芸術のもっとも初期の作例である。祭壇はフランチェスコ・バラッタに作らせた浮彫《聖フランチェスコの法悦》で、側面の窓からの光で劇的に浮かび上がっているが、彫刻を中心に空間全体を演出する手法はコルナロ礼拝堂を先駆する。側壁には注文者マルチェッロ・ライモンディ公爵の墓碑がある

が、胸像はコルナロ礼拝堂やフォンセカ礼拝堂(→p.61)のときのように祭壇のヴィジョンを見てはいない。

このほかこの聖堂には16世紀の傑作が多く、まず右第一礼拝堂にはセバスティアーノ・デル・ピオンボの《キリストの笞打ち》(1518)があり、その上にも同じ画家による《キリストの昇天》と二人の預言者像が描かれているが、これらはいずれもフレスコではなく、油彩で描かれている。ミケランジェロが下絵を提供したといわれるが、堂々たる人体表現と古典的な構成によるセバスティアーノの代表作である。右第五礼拝堂には祭壇にジョルジョ・ヴァザーリの《アナニアに癒される聖パウロ》、その両側にはバルトロメオ・アンマナーティによるアントニオおよびファブリアーノ・デルモンテの墓碑がある。アプスには元来ラファエロの《キリストの変容》がかかっていたが、現在はグイド・レーニの《聖ペテロの磔刑》をヴィンチェンツォ・カムッチーニが模写したものがある(ラファエロもレーニの原作もヴァチカン絵画館蔵)。右第四礼拝堂にはオランダにおける初期のカラヴァッジェスキを代表するディルク・ファン・バビューレンがローマ滞在時に描いた《キリストの埋葬》(1617)と《十字架の道行き》があり、ルネッタには《ゲツセマネのキリスト》と、やはりオランダ人の画家ダフィット・デ・ハーンによる《キリストの嘲弄》が描かれている。右第一礼拝堂にはカトリック宗教改革期の画家ジョヴァンニ・デ・ヴェッキの《聖痕を受ける聖フランチェスコ》(1594)のフレスコが見られる。

この聖堂の右にはブラマンテによる有名な建造物《テンピエット》(1502あるいは

ジャニコロの丘からの眺め

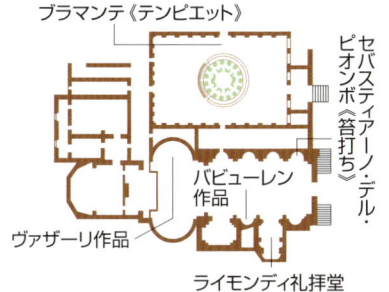

ブラマンテ《テンピエット》
セバスティアーノ・デル・ピオンボ《笞打ち》
バビューレン作品
ヴァザーリ作品
ライモンディ礼拝堂
サン・ピエトロ・イン・モントーリオ聖堂見取図

バビューレン《十字架降下》サン・ピエトロ・イン・モントーリオ聖堂

ベルニーニ、サン・ピエトロ・イン・モントーリオ聖堂ライモンディ礼拝堂

第2章 ローマ・バロックの展開　77

ポンツィオ、ジョヴァンニ・フォンターナ　アックア・パオラ

1518年から27年にかけて建造された。長らく庶民の洗濯場として親しまれてきた。

サン・イシードロ聖堂

　ヴェネト通りの中程にあるフランチェスコ会の聖堂でベルニーニの知られざる傑作がある。1622年にアントニオ・カゾーニによって着工され、ドメニコ・カステッリに継承されて1672年に竣工した。内部は単廊式で左右に二つずつ礼拝堂がある。右第一礼拝堂と左第一礼拝堂はカルロ・マラッタが装飾している。ポルトガル人ロドリゴ・ロペス・ダ・シルバが一族の記念堂として1662年にベルニーニに依頼し、ベルニーニが構想してその工房とともに1663年までに制作したダ・シルバ礼拝堂は、ベルニーニの「総合芸術」の傑作である。祭壇にはカルロ・マラッタの楕円形の聖母子図をジュリオ・カルターリによる大理石の天使が支え、左右の側壁には大理石によるダ・シルバの一族の墓碑があり、それぞれの墓碑の背後から非常に優美な美徳の擬人像が現れて支えている。左はジュリオ・カルターリによる《真実》と《慈愛》、右は

1508〜12)がある。聖ペテロが逆さ十字架にかけられたとされる場所に建っており、殉教者祈念堂(マルティリウム)として円形の塔が選ばれた。正確な比例に基づく完璧な古典主義の傑作で、ルネサンス以降の建築の出発点となった。

　聖堂の近くに轟音を立てて豊富な水が流れているアックア・パオラがある。三つのアーチをもつこの建築はフラミニオ・ポンツィオとジョヴァンニ・フォンターナによるもので、パウルス5世がトラステヴェレやヴァチカンに水を供給するために古代のトラヤヌス水道を復旧したことを記念して

ダ・シルバの一族の墓碑、サン・イシードロ聖堂

カルロ・マラッタ《聖母子》サン・イシードロ聖堂
周囲はベルニーニとその工房による装飾

ベルニーニ《象のオベリスク》サンタ・マリア・ソプラ・ミネルヴァ聖堂

タッデオ・ランディーニほか《亀の噴水》パラッツォ・マッテイ・デ・ジョーヴェ前広場

パオロ・ナルディーニによる《平和》と《正義》である。《真実》と《慈愛》の大理石像は胸をあらわにした女性像であったが、1863年に聖堂にふさわしからずとしてブロンズによる衣服がかぶせられ、1998年に修復されて本来の姿に戻った。マリオ・アルコニオによる祭壇にはアンドレア・サッキの《聖イシドルスと聖母》(1622)がある。

サンタ・マリア・ソプラ・ミネルヴァ聖堂

　13世紀創建のローマにはめずらしいゴシック様式のドメニコ会の聖堂。シエナの聖カタリナの遺体が祭壇下に安置されている。内部にはミケランジェロの《復活のキリスト》のほか、フィリッピーノ・リッピの華麗なフレスコ画のあるカラファ礼拝堂やアントニアッツォ・ロマーノの《受胎告知》といったルネサンス美術のほか、アプスの右横の礼拝堂には、マルチェッロ・ヴェヌスティ、ジョヴァンニ・デ・ヴェッキ、カルロ・サラチェーニによる壁画があり、左側廊にはベルニーニのマリア・ラッジ墓碑(1643)やジョヴァンニ・ヴィジェーヴァノ墓碑(1630)がある。聖堂前の広場にはベルニーニによるユニークな《象のオベリスク》(1667)がある。

亀の噴水

　パラッツォ・マッテイ・デ・ジョーヴェの前の広場にあるこの優美な噴水は、1581年から84年にかけてジャコモ・デラ・ポルタによって作られ、ブロンズの青年像はタッデオ・ランディーニによって制作された。青年たちがふれる亀は1658年にこの噴水を修復したベルニーニが加えたと考えられている。マニエリスム風の人物のポーズはこの前の館に住んでいたカラヴァッジョの《洗礼者ヨハネ》(→p.41)に反映していると思われる。

第2章 ローマ・バロックの展開

4 ボロミーニの奇想

　ベルニーニは聖堂内の空間の聖化を試みただけでなく、広場や噴水によってローマの街を壮麗に飾り立てた。それらは広場を活気づけて劇場にするという効果をもち、ニコラ・サルヴィによる有名なトレヴィの泉などに継承されてローマを祝祭都市に変貌させた。スペイン広場の《小舟の噴水》は父ピエトロ・ベルニーニの作といわれるが、水を高く吹き上げるバルベリーニ広場の《トリトーネの噴水》、堂々たる岩山のようなナヴォーナ広場の《四大河の噴水》は、躍動する形態と噴水によって空間を活性化させている。この《四大河の噴水》に覆いかぶさるように威容を誇るのがフランチェスコ・ボロミーニによるサンタニェーゼ・イン・アゴーネ聖堂(→p.86)である。ボロミーニはベルニーニのライバルとしてベルニーニを脅かし続けた建築の鬼才である。ローマのあちこちに見られるボロミーニの建築は、複雑で思いがけない意匠と形態によって見る者を虜にする。それはまさにバロック美術の到達点であり、ローマの至宝といってもよい。

　1653年から57年にかけて建設されたサンタニェーゼ・イン・アゴーネ聖堂は、正面に立つと円蓋がファサードの一部のように見え、全体の構造と緊密に結びついて両脇の鐘楼とみごとなバランスを生み出している。サン・ピエトロ大聖堂について、マデルノやベルニーニは二本の塔の間から円蓋が見えるファサードを構想していたが、諸事情から実現にいたらなかった。サンタニェーゼ聖堂は、サン・ピエトロ大聖堂が盛期バロック的に変容した建築と見ることもできる。サンタニェーゼ聖堂の円蓋は二つの塔とともに垂直性を強調しており、中央の玄関は後退した曲面に位置して陰影を作り出している。玄関をはさむ左右二本ずつの円柱は円蓋の窓をはさむ二本ずつの付柱に繰り返され、立方体の塔の下部は上部で円筒に変貌していることも、かろやかな上昇感を与える。こうした垂直性は、サンティーヴォ・アラ・サピエンツァ聖堂の螺旋状に延びる頂部やサンタンドレア・デレ・フラッテ聖堂の奇抜な塔頂にも顕著である。中央部分が大きく後退したファサードは、1637年から43年にかけて建設されたオラト

ボロミーニ、サン・カルロ・アレ・クアトロ・フォンターネ聖堂のファサード

リオ・デイ・フィリッピーニにも見られ、そこでは大きな正面部がゆるやかに後退した曲面を作り出し、近寄る者を優しく迎え入れるようであった。1662年から66年にかけて建てられたコレージョ・ディ・プロパガンダ・フィーデでも、中央の入口が湾曲して後退しており、多様な窓の装飾とともに変化に富んだファサードを作り出している。ボロミーニ建築にはこのように、凹凸、円と角といった変化する形態が簡潔な構成によって統合されており、多様性と統一性がみごとなバランスを保っているのである。

1664年から67年にかけて建設されたサン・カルロ・アレ・クアトロ・フォンターネ聖堂のファサードでは左右に凹凸が繰り返され、さらに激しく波打つ動きを見せている。この聖堂が面する「9月20日通り」を西に向かうとすぐにベルニー

ニによるサンタンドレア・アル・クイリナーレ聖堂(→p.73)が見えてくる。ベルニーニの聖堂もボロミーニの聖堂と同じく楕円形のプランをもっているが、外観は小さな神殿のように古典的で端正なたたずまいを見せている。しかし一歩内部に踏み込むと、前述のように、聖人の殉教と昇天がイリュージョニスティックに演出されているのを感じることができる。ボロミーニの聖堂はこれと対照的に、外観は動的で躍動感があふれているのに対し、内部は幾何学的な秩序と静謐さに支配されている。ファサードのちょうど30年前に完成された聖堂内部は、楕円形を組み合わせた特異な空間となっており、隣接するみごとな中庭(→カバー裏)とともに、狭いながらも無駄のない充実した雰囲気を作り出している。十字形と六角形と八角形を隙間なく組み合わせた幾何学装飾によって埋めつくされた卵形の天井は非常に明るく、この空間に立ってこれを見上げると神の無限の恩寵すら感じさせる。ベルニーニが絵画や彫刻を空間と統合させることによって示した空間の聖化を、ボロミーニは、計算されつくした形体の組合せや幾何学的な装飾のみによってなしとげたのであった。美術史家アルガンは、ベルニーニが寓意的であるのに対し、ボロミーニは象徴的であるとしている。彼の奇抜なプランや洗練された精妙な施工、凹凸を大胆に取り入れた変化に富む造形は、トリノ、オーストリア、南ドイツ、ブラジルなどの後期バロック建築に多大な影響を与えることとなった。

　ボロミーニのサンタニェーゼ聖堂の裏手の路地にひっそりと建っているサンタ・マリア・デラ・パーチェ聖堂は、ボロミーニ以上に大胆なファサードを見せている。古代の神殿のような正面玄関が半円形となって前面に大きく張り出しており、その両側の壁面は実際は別の建築なのだが、ファサードの一部であるかのように曲面を描きながら前にせり出している。この聖堂とその前の広場を設計したピエトロ・ダ・コルトーナこそ、ベルニーニ、ボロミーニと並ぶバロックの天才であった。

ボロミーニの
ローマを歩く

サン・カルロ・アレ・クアトロ・フォンターネ聖堂

　四つの噴水のある十字路にこのスペインの跣足三位一体修道会の聖堂がある。1634年にボロミーニがはじめて個人で注文されたのがこの聖堂と修道院と回廊の設計であった。ファサードは1667年に未完のまま残されたが、「バロックの真珠」と呼ばれるボロミーニの代表作である。上下二層からなるファサードは凹凸を繰り返す激しいうねりを見せており、円柱や彫刻と有機的に融合している。戸口の上の聖カルロ像や二人の大天使などの彫刻が設置されているが、それらは完全に建築と融合し、一体化している。内部は大きな楕円形の中に四つの楕円形が入ったプランをもち、湾曲した壁面による豊かな空間が作り出されている。明るいドームの天井は十字架と八角形、六角形を交互に繰り返す幾何学的な漆喰装飾によって無限の上昇感を与えられている。この空間に隣接して、八角形の小さな回廊（→カバー裏）があるが、ここも幾何学的秩序が支配する静謐な空間となっている。聖具室には、カラヴァッジェスキの画家オラツィオ・ボルジャンニの代表作《聖カルロの法悦》がある。

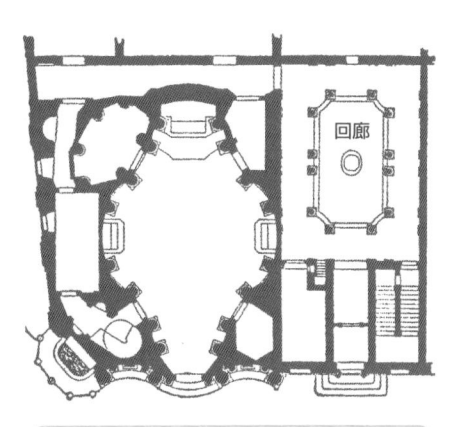

サン・カルロ・アレ・クアトロ・フォンターネ聖堂平面図

フランチェスコ・ボロミーニ（1599〜1667）

　コモ付近のビッソーネで生まれ、ミラノで修行したのち、1614年にローマにきて同郷の先輩カルロ・マデルノの助手となり、サン・ピエトロ大聖堂やバルベリーニ宮殿の工事に従事。マデルノの没後ベルニーニの助手となるが、1634年に独立してサン・カルロ・アレ・クアトロ・フォンターネ聖堂以下、数々の独創的な建築を残す。気難しく憂鬱質の性格であり、失意のうちに自殺した。

　卓抜なプランと精妙な施工によって見る者に強い印象を与えるボロミーニの建築は、ローマ市内のあちこちに点在している。ベルニーニのサンタンドレア・アル・クイリナーレ聖堂のほど近くにある代表作サン・カルロ・アレ・クアトロ・フォンターネ聖堂やナヴォーナ広場にあるサンタニェーゼ・イン・アゴーネ聖堂、その近くのサンティーヴォ・アラ・サピエンツァ聖堂をはじめ、キエーザ・ヌオーヴァに隣接するオラトリオ・デイ・フィリッピーニやトレヴィの泉近くにあるコレージョ・ディ・プロパガンダ・フィーデ、その近くのサンタンドレア・デレ・フラッテ聖堂など、ほとんどを歩いて回ることができる。

第2章 ローマ・バロックの展開

ボロミーニ、サン・カルロ・アレ・クアトロ・フォンターネ聖堂ドーム天井

ボロミーニ、サン・ジョヴァンニ・イン・ラテラノ大聖堂内部

サン・ジョヴァンニ・イン・ラテラノ大聖堂

　ローマでもっとも古く重要なこの司教座聖堂は、コンスタンティヌス大帝の発願で4世紀に建てられて以来、幾度かの改修を経ている。現在のファサードはアレッサンドロ・ガリレイが1735年に建設したもので、キリストを中心に洗礼者と福音書記者のヨハネ、教父らの15の巨大な彫刻を戴いている。堂々たる外観はバロックというよりすでに新古典主義のものに近い。内装は五廊式で、1646年にイノケンティウス10世がボロミーニに当初の構造を変えずに改修させた。ボロミーニは身廊については巨大な付柱の間の壁龕とアーチを変更して16世紀の木彫彩色の天井はそのままにし、側廊は簡素な漆喰装飾に覆われた独創的な空間に作り直している。翼廊と交差部は1597年から1601年にかけて建築はジャコモ・デラ・ポルタ、装飾はカヴァリエール・ダルピーノが改修し、とくにダルピーノの指揮下にジョヴァンニ・バッティスタ・リッチ、パリス・ノガーリ、ロンカッ

ガリレイ、サン・ジョヴァンニ・イン・ラテラノ聖堂外観

ボロミーニ、オラトリオ・デイ・フィリッピーニ外観

ボロミーニ、コレージョ・ディ・プロパガンダ・フィーデ外観

リ、バリオーネらがコンスタンティヌス大帝と聖堂にまつわる故事を大画面に描いたフレスコ群(→p.15)は、バロック前夜の「移行期」のローマ絵画の粋を集めたものといってよい。

　左の翼廊は、13世紀のヴァッサレットによる優雅な回廊につながっており、右の翼廊はラテラノ広場に面してドメニコ・フォンターナが作った回廊につながっている。

　アプスの後方にはコンスタンティヌス大帝が建設し、5世紀に再建された八角形のラテラノ洗礼堂があり、広場にはシクストゥス5世の命でドメニコ・フォンターナが1586年から89年にかけて建てたラテラノ宮殿がある。

オラトリオ・デイ・フィリッピーニ

　オラトリオ会の本山キエーザ・ヌオーヴァに隣接して建つ。オラトリオ会の演奏会のための小礼拝堂として、食堂や図書館とともに1637年から43年にかけてボロミーニが建設した。ファサードは隣のキエーザ・ヌオーヴァが石造であるのに対し、レンガ造りであり、前者の厳格な外観に対して、かろやかな躍動感がある。全体はおだやかに窪んだ凹面になっており、付柱によって五つのスパンに分割されている。下層中央の入口付近は前に突き出しているが、その上層は窪んだ壁龕となっており、窓の装飾とともに変化に富んでいる。曲線を描いて尖った三角形の破風も優雅さを示し、細部まで繊細なボロミーニ建築の傑作である。

コレージョ・ディ・プロパガンダ・フィーデ

　教皇庁に属する布教聖省の本部でグレゴリウス15世が1622年に創設し、1644年にベルニーニがスペイン広場側の簡素なファサードを作り、1662年から64年にかけ

第2章 ローマ・バロックの展開

てボロミーニがプロパガンダ通り沿いの側面を建設した。ボロミーニのファサードは付柱によって七つの部分に分けられ、中央の入口部分は内側に湾曲して変化に富んでいる。2本の円柱に囲まれた二階の窓も深みのある空間を作り出している。内部のマギ礼拝堂はベルニーニが作った楕円形の礼拝堂をボロミーニが改築したもので、隅が丸くなった方形の部屋で巨大な付柱が天井まで伸び、天井のリブに連続して一貫性のある構造を示している。

サンタニェーゼ・イン・アゴーネ聖堂

ナヴォーナ広場の中央、ベルニーニの《四大河の噴水》に向かい合うようにそびえるこの聖堂は、もともと殉教聖女アグネスが晒し者になったとき髪が伸びて体を覆ったという奇蹟の起きた場所に建てられたものであった。自らの邸館が面するナヴォーナ広場を整備したパンフィーリ家のイノケンティウス10世は、1652年にジローラモとカルロのライナルディ親子に聖堂の再建を依頼し、これを引き継いだボロミーニが1657年に完成させた。ボロミーニはライナルディの正十字架プランを残しているが、二つの鐘楼にはさまれて凹型に湾曲したファサードや、非常に高いドームを設け、ファサード、鐘楼、ドームの完璧な調和によるモニュメンタルな外観を与えた。内部には大理石の祭壇が並ぶが、中でもエルコレ・フェッラータの傑作《聖アグネスの殉教》が注目される。

サンティーヴォ・アラ・サピエンツァ聖堂

旧ローマ大学、現在は国立古文書館になっている建物と中庭は16世紀にピッロ・リゴーリオとジャコモ・デラ・ポルタが設計したものだが、この中庭の端にボロミーニが1643年から60年にかけてこの特異な聖堂を建てた。二つの正三角形を組み合わせた六角形を基にしたプランであり、内部は凹面と凸面が交互に登場する壁面を区切る付柱が伸び、円蓋のカーブと続いて上昇感を与える。外観からも壁面の凹凸の変化が示され、このうねった円筒形のドラムの階段状の屋根の上には凸面でできた塔頂、さらにその上には螺旋状に渦巻く頂部が載っている。統一性と多様性を融合したこの建築は西洋建築史上もっとも大胆な建築といってよい。

サンタンドレア・デレ・フラッテ聖堂

12世紀に建てられ、1604年にガスパーレ・グエッラが再建したが、1653年から

ボロミーニ、サンタニェーゼ・イン・アゴーネ聖堂外観

ボロミーニ、サンタンドレア・デレ・フラッテ聖堂鐘楼

ベルニーニによる天使像　サンタンドレア・デレ・フラッテ聖堂

ボロミーニが独創的なドームと鐘楼を付け加えた。ドームは凹凸を繰り返して変化に富み、鐘楼は基盤は正方形、その上は古代神殿風の円形、その上は二体ずつのケルビムの柱、その上は4本の渦巻き装飾、頂点に王冠というように、上にいくほど複雑になる奇抜な造形となっている。聖堂内部にはベルニーニがサンタンジェロ橋のために作った二体の天使の像（1668〜69）がある。

ボロミーニ、サンティーヴォ・アラ・サピエンツァ聖堂内部ドーム

サン・ジョヴァンニ・デイ・フィオレンティーニ聖堂

　ローマにおけるフィレンツェ人の聖堂。メディチ家出身のレオ10世が発願し、1519年にヤコポ・サンソヴィーノが着工し、アントニオ・ダ・サンガッロ、ジャコモ・デラ・ポルタに継承され、1602年から20年にかけてカルロ・マデルノが完成させた。ファサードは1734年になってやっとアレッサンドロ・ガリレイが建造したものである。この聖堂にはカルロ・マデルノと主祭壇を作ったボロミーニが埋葬されている。三廊式のラテン十字架プランの上にドームを載せている。壮大な主祭壇はボロミーニが1640年に制作したものであり、アントニオ・ラッジによる《キリストの洗礼》の群像（1669）が配されている。祭壇左の礼拝堂にはランフランコの《十字架の道行き》がある。右第四礼拝堂はフィレ

第2章 ローマ・バロックの展開

ボロミーニ、サンティーヴォ・アラ・サピエンツァ聖堂外観

ンツェ改革派の師弟、サンティ・ディ・ティートの《悔悟する聖ヒエロニムス》、右側壁がチゴリの《執筆する聖ヒエロニムス》、左側壁がパッシニャーノの《聖堂建設図》で、いずれも1599年に制作され、後期マニエリスムの風靡していたローマにフィレンツェ改革派の新しい写実的傾向を伝えることとなった。チゴリの作品はボルゲーゼ美術館にあるカラヴァッジョの同主題作品に影響している。左第五礼拝堂にはサンティ・ディ・ティートの《聖フランチェスコ》(1585)、側壁はニコロ・チルチニャーニによる聖フランチェスコ伝のフレスコ(1583〜85)がある。左第四礼拝堂には

サンタンドレア・デレ・フラッテ聖堂内部　左右にベルニーニによる天使像が配されている。

やはりフィレンツェ改革派の画家アゴスティーノ・チャンペッリの《聖アントニウスの死》とアントニオ・テンペスタによる聖ラウレンティウス伝のフレスコがある。

サンタ・マリア・デイ・セッテ・ドローリ聖堂

　トラステヴェレの端にあるこの聖堂は、ボロミーニが1643年から49年までに建設したものである。鋭く突き出した壁面と凹面となった入口部分など、曲線と直線を組み合わせて、レンガの生地仕上げの壁面に躍動感を与えている。

パッシニャーノ《聖堂建設図》サン・ジョヴァンニ・デイ・フィオレンティーニ聖堂

第2章 ローマ・バロックの展開

ボロミーニ、サンタ・マリア・デイ・セッテ・ドローリ聖堂外観

スパーダ美術館（パラッツォ・スパーダ）

　1548年から50年にかけてジローラモ・ダ・カルピとジュリオ・マッツォーニによって建てられ、ベルナルディーノ・スパーダ枢機卿の手にわたったときにボロミーニによって改修された。ファサードはマッツォーニによるストゥッコ装飾で飾られ、中庭にはボロミーニによる「遠近法の回廊」がある。柱の高さや間隔、天や床の高さを操作し、奥行きが9mしかない回廊が37mもあるように見えるものである。絵画館には、オラツィオ・ジェンティレスキの《ダヴィデ》、ボルジャンニの《ピエタ》、グエルチーノの《ディドの死》、グイド・レーニの《ヘレネの略奪》のジャチント・カンパーナによる模写などがある。

ボロミーニの回廊、パラッツォ・スパーダ

5 コルトーナとイリュージョニズム

　ピエトロ・ダ・コルトーナ(→p.95)は建築家である前に画家として活躍していたが、そのいずれにおいてもローマの盛期バロック美術を代表する大きな足跡を残した。

　マデルノ、ベルニーニ、ボロミーニが建造したバルベリーニ宮殿の大広間に、コルトーナはランフランコが先鞭をつけたイリュージョニスティックな天井画を制作したが、そこに横溢する君主称揚の華々しいイメージは、以後、諸国の絶対王政がこぞって模倣するところとなった。1633年から39年までに制作されたこの《神の叡知とバルベリーニ家の栄光》は時の教皇ウルバヌス8世を輩出した一族の宮殿のために描かれたものであるため、ネポティズム(縁故主義)によって権勢を極めたバルベリーニ家を複雑な寓意を用いて称揚したものであった。観者はこの大広間に足を踏み入れるや、華麗な色彩と激しい動勢に圧倒され、異教的な神々が飛び回る豪華絢爛たる空間に引き込まれる。広間入口からの斜めから見上げる視点を考慮して、そこに画面の要である「神智」の擬人像を配し、五つに区画された空間を自由に飛び交う擬人像の作り出す躍動感に満ちた複雑で豊かな空間に引き込む計算がなされている。大規模な絵画によって、ストゥッコ装飾や建築的要素を含めた空間を統一し、全体を巨大な幻視の舞台に変える盛期バロックの装飾は、この壁画以降大きな流行を見た。コルトーナの天井画を舞っていたのは、正義、慈悲、剛毅、智恵といった擬人像であり、注文主の一族の姿は巨大な蜜蜂の紋章や教皇冠で表されるのみであった。教皇は聖人でなく、さしもの栄華を誇った名家でも、自分たちの姿を天上の神々に参入させることまでは遠慮したのである。ところが、ここで見られた装飾法、いわゆる「バルベリーニ様式」を継承したルイ14世は、やがてヴェルサイユ宮殿に自らを神格化して神々の中心に登場させることになる。こうした神格化(アポテオシス)は当時リュクサンブール宮殿を飾っていたルーベンスの《マリー・ド・メディシスの生涯》においても展開されていたものであったが、これが絶対王政のイメージ戦略にみごとに符合した。そして17世紀末になると、ローマに

フィリッポ・ラグッツィーニ、サン・ティニャーツィオ聖堂前広場　空を見上げたときに見える楕円形。

おいても聖人がこうした大画面のイリュージョンに参入し、天使とともに舞い上がることになるのである。

　たとえば、1669～70年にジョヴァンニ・コッリとフィリッポ・ゲラルディがサン・ニコラ・ダ・トレンティーノ聖堂に描いた天井画では聖ニコラウスが、1674～75年のドメニコ・マリア・カヌーティとエンリコ・ハフナーによるサン・ドメニコ・エ・シスト聖堂の天井画では聖ドミニクスが、1691～94年のアンドレア・ポッツォによるサンティニャーツィオ聖堂の天井画(→p.7)では聖イグナティウスが、天国のただ中に天使や雲とともに上昇しており、かつて彼らが恍惚と見ていたヴィジョンの一部と化している。観者はもはや聖人とともにヴィジョンを見ることはできず、画面すべてが観者の目の前に圧倒的なヴィジョンとして視界を埋めつくすのである。とくにイエズス会士ポッツォによるサンティニャーツィオ聖堂の天井画では、聖堂内の一点から見上げると巨大な天井に架空の大列柱による楼閣が立ち上がり、主のもとに昇天する聖イグナティウスを中心に、四隅には四大陸の寓意が描かれ、イエズス会の伝道が世界各地におよんださまが象徴的に示されている。このサンティニャーツィオ聖堂の前には、1727年にフィリッポ・ラグッツィーニによってみごとに計算されたバロック的な広場が作られた。

コルトーナの天井画《聖フィリッポ・ネーリの奇跡》キエーザ・ヌオーヴァ身廊

コルトーナ、キエーザ・ヌオーヴァ、ドームとアプスの天井画

　バルベリーニ宮殿の大広間において、入口の斜めからの視点によって観者にダイナミックな王朝賛美の祝祭絵巻を見せたピエトロ・ダ・コルトーナが、1647年から51年、55年から60年にかけてローマのオラトリオ会の総本山キエーザ・ヌオーヴァの天井に描いた一連の壁画は、観者の移動を前提として展開する壁画群であった。長い身廊の天井画には、崩れかかった聖堂を聖母と天使が救うのを見上げる聖フィリッポ・ネーリが描かれ、この聖堂を建立するときに実際に起こったダイナミックな奇蹟譚を聖人とともに見上げることになる。奥に進むと、ルーベンスによる華麗な聖母崇拝の主祭壇画の上方の正面のアプスに被昇天する聖母が見えてくるが、

第2章 ローマ・バロックの展開　93

さらに歩を進めるとこの聖母が徐々に上昇していき、ドームに描かれた父なる神とキリストがいる華麗な天国に迎え入れられるように見える。つまりこの聖堂に足を踏み入れた者は、まず教団の創設者とともに聖母と天使のヴィジョンを見上げ、さらに聖母が栄光の光に包まれているのを目にし、ドームに近づくにつれ徐々に聖母が天国に迎え入れられていくさまを見て、ドームの下にいたってやっと父なる神とキリストのいる輝かしい天国を見上げることになるのである。このように、当初からイメージの全容を示すのではなく、観者の進行によって徐々にイメージを展開させていく方式は、コルトーナが同時期にてがけたパラッツォ・パンフィーリのような世俗の宮殿でも示したものだが、十分な天井の高さと空間の広がりをもたない私的な宮殿の装飾に適していたものであった。ナポリ出身の多産な画家のルカ・ジョルダーノ(→p.105)は、17世紀後半からイタリアとスペインでこうした華麗な装飾を流布させた。ポッツォによるサンティニャーツィオ聖堂の壮大な一点透視法の天井画以降、大規模なイリュージョニスティックな天井画はローマでは流行しなくなり、かわってポッツォが招かれたドイツで隆盛を見ることになる。一方、観者の移動に合わせて展開する装飾壁画はティエポロによるヴュルツブルク司教館の大装飾で完成を見るのである。

コルトーナは建築家としても独創的なバロック建築をてがけ、古代の神殿のような正面玄関が半円形となって前面に大きく張り出したサンタ・マリア・デラ・パーチェ聖堂や集中式のサンティ・ルカ・エ・マルティーナ聖堂などによってベルニーニ、ボロミーニと並ぶバロック建築の立役者となった。

ボロミーニやコルトーナのほかにもマルティーノ・ロンギ・イル・ジョーヴァネやカルロ・ライナルディといった建築家が次々にバロック様式の聖堂を建設してローマの街を彩り、バロックは18世紀になってもなおフランチェスコ・デ・サンクティスによるスペイン階段やニコラ・サルヴィによるトレヴィの泉のような今なお親しまれている名所となって命脈を保ったのである。

コルトーナ、サンティ・ルカ・エ・マルティーナ聖堂

マルティーノ・ロンギ・イル・ジョーヴァネ、サンティ・ヴィンチェンツォ・エ・アナスタシオ聖堂

ライナルディ、サンタ・マリア・イン・カンピテッリ聖堂

コルトーナと盛期バロックのローマを歩く

バルベリーニ宮殿国立古代美術館

　ウルバヌス8世を輩出したバルベリーニ家のパラッツォ（邸館）を美術館にしている。パラッツォでありながら中庭を囲う伝統的なそれでなく、木々の緑に囲まれて両翼を張り出すヴィラ（別荘）のような開放的な建築で、17世紀でもっとも壮麗なパラッツォである。これはカルロ・マデルノの構想により、その下に若きベルニーニやボロミーニの手が加わっている。ベルニーニは庭側のファサードと左翼の階段を、ボロミーニは右翼の螺旋系階段とファサード三階のだまし絵の窓を設計したとされる。

　3点のカラヴァッジョ《ナルキッソス》《ユディトとホロフェルネス》《瞑想する聖フランチェスコ》がある。《ユディトとホロフェルネス》ではなまなましく暴力的な表現が目を引くが、これはおそらく1599年に執行されたチェンチー族の公開斬首の記憶に基づいているのだろう。首を切るユディトの嫌悪感をむきだしにした表情と思わず袋を持つ手に力が入る目をむいた老婆の表情の対比がみごとである。生涯にわたって斬首のイメージに執着したカラヴァッジョ最初の殺人の絵である。《瞑想する聖フランチェスコ》は、この美術館にほど近い骸骨寺として有名なカプチーノ会のサンタ・マリア・デラ・コンチェツィオーネ聖堂に同じようなバージョンがあり、そちらが真作とされてきたが最近の科学鑑定の結果こちらのほうが真作とされた。《ナルキッソス》は一時カラヴァッジョでないとされたこともあったが、美術館側は真作としている。

　二階の大広間には、1633年から39年にかけてピエトロ・ダ・コルトーナが制作し

ピエトロ・ダ・コルトーナ（ピエトロ・ベレッティーニ）（1596〜1669）

　ベルニーニ、ボロミーニとともにイタリア・バロックを代表する画家・建築家。盛期バロックの華麗な様式を開拓し、その壁画様式はヨーロッパ中に広汎な影響を与えた。トスカーナ地方のコルトーナに生まれ、同地でフィレンツェ出身の画家アンドレア・コンモーディに師事。1612年に師を追ってローマにきて銀行家サケッティ家の庇護を得る。初期のパトロン、サケッティ家のために描かれた重要な大作群はカピトリーノ美術館にあり、壁画では、ベルニーニの建築に装飾したサンタ・ビビアーナ聖堂の壁画（→p.72）、最高傑作にして盛期バロック美術を宣言したパラッツォ・バルベリーニの大広間の天井画のほか、パラッツォ・パンフィーリの天井画やキエーザ・ヌオーヴァの大規模な天井画がある。

　1634年ローマのアカデミア・ディ・サン・ルカの総裁となり、ローマ第一の画家となった。1640年代はフィレンツェに滞在して、ピッティ宮殿に華麗な天井画を描いた。建築家としてはアカデミア・ディ・サン・ルカの教会であったサンティ・ルカ・エ・マルティーナ聖堂、サンタ・マリア・デラ・パーチェ聖堂のファサードおよび前広場、サンタ・マリア・イン・ヴィア・ラータ聖堂、サン・カルロ・アル・コルソ聖堂のドームなどの傑作がある。

バルベリーニ宮殿(上)、ボロミーニの階段(中右)、ベルニーニの階段(中左)

バルベリーニ美術館(下右)　左がカラヴァッジョ《ユディトとホロフェルネス》、中央オラツィオ・ジェンティレスキ《聖フランチェスコの法悦》、右カルロ・サラチェーニ《聖家族》

コルトーナによるバルベリーニ宮殿大広間天井画(左)、アンドレア・サッキ《神智》(右)

た大天井画《神の叡智とバルベリーニ家の栄光》があり、見る者を圧倒する。別の部屋にはその少し前にコルトーナのライバル、アンドレア・サッキが描いた同主題の天井画がある。この美術館にはほかにもカラヴァッジョの影響を受けたカラヴァッジェスキたち、カルロ・サラチェーニ、オラツィオ・ボルジャンニ、オラツィオ・ジェンティレスキらの重要な作品があり、カラヴァッジョとじっくり比較することができる。

サンティ・ルカ・エ・マルティーナ聖堂

美術家組合のアカデミア・ディ・サン・ルカの聖堂でピエトロ・ダ・コルトーナの建築の傑作である(→p.94)。3世紀の殉教聖女聖マルティーナの墓所の上に建てたことから二人の聖人の名を冠している。アカデミアの庇護者フランチェスコ・バルベリーニ枢機卿が、1635年コルトーナに依頼して1650年に完成した。ギリシア十字形のプランをもち、中央がわずかに凸面を描くファサードは古典的ともいえるほど厳格で洗練されており、内部も装飾を押さえ、明るく純白な空間となっている。

サンタ・マリア・デラ・パーチェ聖堂

15世紀の聖堂に1556年にピエトロ・ダ・コルトーナがファサードを加え、聖堂前の広場を整備した。大きく半円形に突き

出たポルティコ（玄関）が個性的であり、ベルニーニのサンタンドレア・アル・クイリナーレ聖堂のファサードに影響を与えた。その上にはファサード全体を覆うように両翼部が曲面を描いてせり出しているが、この翼部はじつは聖堂の両側の建物の一部である。聖堂の周囲は建物が立て込んでおり、ごく狭い空間しかなかったが、コルトーナはたくみにこれを整形して統一感を与え、聖堂を舞台、周囲の建物を観客席に見立てた劇場空間を作り上げた。右のキージ礼拝堂にはラファエロの描いた《巫女》があり、左奥に隣接する回廊はブラマンテのローマにおける最初の建築（1500～04）である。

コルトーナ、サンタ・マリア・デラ・パーチェ聖堂外観

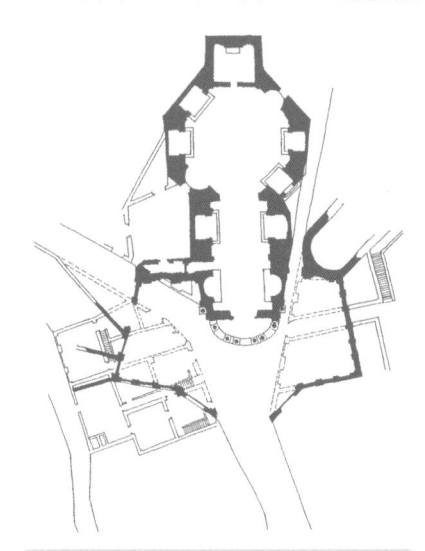

サンタ・マリア・イン・ヴィア・ラータ聖堂

　6世紀の聖堂が15世紀に再建され、さらに1658年から62年にかけてピエトロ・ダ・コルトーナがファサードを加えた。やや突き出たポルティコと4本の円柱からなるロッジアに三角形の破風が乗るファサードは単純だが厳格で力強い。

キエーザ・ヌオーヴァ
（サンタ・マリア・イン・ヴァリチェッラ聖堂）

　オラトリオ会の創始者フィリッポ・ネーリがグレゴリウス13世から与えられて1575年から再建し、オラトリオ会の新たな総本山となったため新教会という現在の名称で呼ばれる。1605年に完成した建築はマッテオ・ダ・チッタ・デル・カステッロ、ついでマルティーノ・ロンギ・イル・ヴェッキオによるもので、イル・ジェズ聖堂に範をとっている。
　当初は質素で保守的な装飾ばかりであっ

サンタ・マリア・デラ・パーチェ聖堂
および広場平面図

たイル・ジェズ聖堂に対し、キエーザ・ヌオーヴァの内部装飾はルーベンスやカラヴァッジョなど新進の芸術家を起用し、17世紀バロック美術の最先端を示した。主祭壇はルーベンスが1606年から08年にかけて制作した《ヴァリチェッラの聖母》とオラトリオ会ゆかりの諸聖人図。この教会

に古来伝わるイコンをはめ込んだ作品で、この画家のイタリアにおける代表作である。一度設置されて描き直されたものだが、第一作はフランスのグルノーヴル美術館にある。フィリッポ・ネーリが愛好したウルビーノの画家フェデリコ・バロッチの《神殿奉献》(左翼廊)と《御訪問》(左第四礼拝堂)があり、とくに後者はネーリがしばしばその前で恍惚となったことで知られる。右二番目のヴィットリーチェ礼拝堂(ピエタ礼拝堂)にはカラヴァッジョが《キリストの埋葬》を描いたが、これは現在ヴァチカン絵画館にあり(→p.46)、ここに設置されているのは模写だが、カラヴァッジョのこの重要作品の環境を知ることができる。ほかにもカヴァリエール・ダルピーノ、ムツィアーノ、ロンカッリらの絵画がある。

　身廊とドームとアプスの天井にはピエトロ・ダ・コルトーナのフレスコの傑作がある。身廊には聖堂建設時に足場が崩れ落ちたときにネーリの祈りに答えて聖母が顕現して足場を支えたという奇蹟が描かれ(1664～65、→p.93)、ドームには三位一体(1647～51)、アプスは聖母被昇天(1655～60)であり、観者が内陣に向かって進むにつれ、次々に現れるようになっている。

サンティニャーツィオ聖堂

　イル・ジェズ聖堂につぐイエズス会の第二の聖堂。イエズス会の学校コレージョ・ロマーノに隣接している。イグナティウス・デ・ロヨラが列聖された1622年、ルドヴィコ・ルドヴィシ枢機卿が提供した資金によって1626年に着工された。コレージョ・ロマーノの数学教師オラツィオ・グラッシによって本山であるイル・ジェズ聖堂を模

ルーベンスによるキエーザ・ヌオーヴァの主祭壇画

バロッチ《御訪問》キエーザ・ヌオーヴァ

倣して建設され、1642年に公開されたが、このときはほとんど装飾されていなかった。また資金不足のためドームも備えていなかったため、トレント出身のイエズス会士アンドレア・ポッツォが1685年、ドームのイリュージョンを描いて設置した。ま

ポッツォ、サンティニャーツィオ聖堂ドーム　油彩画によるだまし絵。

ラグッツィーニ、サンティニャーツィオ広場

ポッツォ、サンティニャーツィオ聖堂天井画

たポッツォは同時期に祭壇と内陣の壁画も描き、1688年から94年にかけて身廊の大天井画《聖イグナティウスの栄光とイエズス会の伝道の寓意》を描いた。遠近法理論に習熟していたポッツォは、かまぼこ型のヴォールト天井に、虚構の建築が天に向かって立ち上がっているイリュージョンを描き、中央に昇天する聖イグナティウス、その下にザビエル、四隅にはイエズス会の宣教がおよんだ四大陸の寓意を描いた。この壮大な「クアドラトゥーラ」は、一点透視図法に基づいて構成されているため、聖堂内の床面に印をつけられた地点から見上げなければ建築のイリュージョンはうまく機能せず、この地点から動くと虚構の建築が崩れていくように見える。バロック的天井画の極地といってよいこの天井画の成功によって、ポッツォはドイツやオーストリアにも呼ばれて膨大な壁画を制作することになった。アプスもポッツォによるフレスコ《ペスト患者を癒す聖イグナティウス》がある。その下の三つの祭壇画もポッツォによるものであり、中央は《ラ・ストルタにおける聖イグナティウスの幻視》、右は《聖フランシスコ・ザビエルをインドに派遣する聖イグナティウス》、左は《聖フランチェスコ・ボルジアを迎える聖イグナティウス》である。右翼廊は聖ルイジ・ゴンザーガに捧げられた祭壇であり、ポッツォが設計し、ピエール・ルグロが浮彫を制作した。左翼廊にはフィリッポ・ヴァッレによる大理石祭壇《受胎告知》がある。

　この聖堂の正面はフィリッポ・ラグッツィーニが1727年から28年にかけて整備

ポポロ広場

したサンティニャーツィオ広場で、広場に通じる左右対称の道が中央の建物のファサードで隠され、劇場の舞台背景のような効果をもっていた。もっともみごとなバロックの広場であるといえよう。左右の道に入って見上げると楕円形に切り取られた空を見ることができる(→p.92)。

サンティ・ドメニコ・エ・シスト聖堂

重要なバロックの天井画がある。1569年にジャコモ・デラ・ポルタによって着工され、ファサードは1663年にヴィンチェンツォ・デラ・グレカによって完成した。一階の壁龕にあるトマス・アクイナスと殉教者聖ペテロの像はステファノ・マデルノ作(1636)。身廊の天井画《聖ドミニクスの栄光》は1674年から75年にかけてボローニャ出身でレーニのもとで修行した画家ドメニコ・マリア・カヌーティと、同郷の

クアドラトゥリスタ、エンリコ・ハフナーが制作したもので、2本の「天の梯子」を中心に、昇天する聖人と乱舞する天使たちがまばゆいばかりのイリュージョンを生み出している。内陣の天井と壁面にもこの二人が《聖ドミニクスに顕現するキリスト》を描いているが、いずれも後期バロックのイリュージョニスティックな壁画を代表する傑作である。

ポポロ広場

フラミニア街道からローマに入るポポロ門(旧フラミニオ門)は、16世紀に建てられ、長くローマの玄関であった。この門を入ってすぐ左に15世紀に建てられたサンタ・マリア・デル・ポポロ聖堂がある。1589年にシクストゥス5世がドメニコ・フォンターナに広場中央にオベリスクを建てさせ、1655年に、カトリックに改宗したス

ウェーデン女王クリスティーナのローマ到着を迎えるためにベルニーニが門の内側のファサードを豪華に装飾した。その後アレクサンデル7世は広場全体を整備しようとし、1662年、ライナルディに命じてここから放射状に伸びる三叉路の中央に建つ二つの教会を改築させた。その結果、右のサンタ・マリア・ディ・ミラコリ聖堂と左のサンタ・マリア・ディ・モンテサント聖堂という双子の教会が成立し、広場のモニュメンタルで演劇的な性格が形成された。実際には左のサンタ・マリア・ディ・モンテサント聖堂のほうが敷地が狭かったが、広場から右の円形のサンタ・マリア・ディ・ミラコリ聖堂と同形に見えるように、楕円形のドームとなっている。この計画は1674年から翌年にかけて工事に介入したベルニーニのアイデアであったと思われる。建築と都市計画が結びついて舞台的な空間を生み出したこのバロック的な広場は、トリノのサン・カルロ広場(→p.146)など以後の都市計画に大きな影響を与えた。

サンタ・マリア・イン・カンピテッリ聖堂

カルロ・ライナルディによるこの聖堂は後期バロックを代表する建築である(→p.94)。1656年のペストを鎮めたという聖母のイコンを納めるために1662年から67年にかけてカルロ・ライナルディによって建てられた。ファサードは独立した円柱が林立し、入口部分が突き出て深い陰影を生み出している。ギリシア十字平面の身廊とドームのある正方形の内陣を組み合わせており、壁面全体にはやはり独立した円柱と高いエンタブラチュアがめぐらされて劇的な効果を生み出している。

サンティ・ヴィンチェンツォ・エ・アナスタシオ聖堂

トレヴィの泉の隣にあるこの聖堂(→p.94)は1640年から46年にかけてマルティーノ・ロンギ・イル・ジョーヴァネによって建てられた。この建築家はロンバルディア出身のマルティーノ・ロンギ・イル・ヴェッキオの孫で、カラヴァッジョの友人オノリオ・ロンギの息子である。独立した円柱が密集して立っているため「イル・カンネート(葦原)」と呼ばれたが、力強く堂々とした印象を与えている。

サン・マルチェッロ・アル・コルソ聖堂

カルロ・フォンターナによる後期バロックの典型的な建築。もともとは4世紀の古い教会で、1519年にヤコポ・サンソヴィーノが再建し、これをアントニオ・ダ・サンガッロとアンニーバレ・リッピが継承して1592年に完成した。1682年から86年にカルロ・フォンターナがファサードを加えた。全体がゆるやかな凹面となっており、装飾的で優雅なたたずまいとなっている。内部の格天井や装飾の一部は16世紀のものである。入口左にはヤコポ・サンソヴィーノによるジョヴァンニ・ミキエル枢機卿とその甥アントニオ・オルソの墓碑があり、入口の壁にはジョヴァンニ・バッティスタ・リッチによる磔刑図(1613)が描かれている。右第三礼拝堂にはサルヴィアーティによる聖母伝の壁画、右第四礼拝堂にはペリン・デル・ヴァーガの天井画、左第四礼拝堂はタッデオ・ズッカリが1560年代に装飾し、祭壇に《聖パウロの回心》、側壁に《エルマの失明》がある。

第3章　バロックの港

1 ナポリ

　ギリシアの植民都市以来の古い歴史をもち、ヨーロッパでもっとも大きく活発な都市であったナポリは、スペイン副王の指導のもとに16世紀後半から大規模な建設事業が起こった。ジョルジョ・ヴァザーリ、マルコ・ピーノ、ポリドーロ・ダ・カラヴァッジョ、カヴァリエール・ダルピーノといったマニエリスムの画家たちから、ドメニキーノ、ランフランコといったボローニャ派の画家たちまで、多彩な画家たちがナポリにきては大規模な装飾をおこなった。16世紀後半、トスカーナやローマからやってくるマニエリスムの画家たちに刺激され、ナポリでも有力な画家が登場し始めた。ベリサリオ・コレンツィオ（1590以前～1646）、ファブリツィオ・サンタフェーデ（1576以前～1623）、フランチェスコ・クーリア（1538頃～1610）といった画家たちは、トスカーナ風のマニエリスムを、カトリック改革の厳格な雰囲気を反映させて自然主義的にした折衷的な画風によってナポリの教会に多くの作品を残した。16世紀末にナポリの多くの画家が動員されて装飾されたサンタ・マリア・ラ・ノーヴァ聖堂の天井画にはこうしたナポリ画壇の様々な傾向が如実に示されている。

　しかし、1606～07年と1609年の二度にわたってカラヴァッジョが滞在して革新的な大作の数々を残したことが、地元の画家たちを強く刺激し、マニエリスムや折衷的な画風を払拭して新たな写実主義を勃興させた。バッティステッロ・カラッチョロ（→p.110）、マッシモ・スタンツィオーネ（1585頃～1658頃）、ベルナルド・カヴァッリーノ（1616～56）、そしてスペイン人のジュゼッペ・デ・リベラ（→p.114）らは、カラヴァッジョに学んだドラマチックな明暗法と克明な写実主義、宗教主題の現実的解釈を示し、ナポリをカラヴァッジェスキの中心地とした。リベラやカラッチョロらが装飾したサン・マルティーノ修道院はその一大モニュメントである。当時のナポリはヨーロッパ最大の人口を誇り、地中海貿易の要港と

マッティア・プレーティ《ペストからナポリを庇護する聖母》サン・ジェンナーロ門

　して街は活気にあふれていたが、その一方、スペインの支配下にあり、その圧制に抗してしばしば民衆が暴動を起こしており、また疫病が定期的に流行しては惨状をもたらした。栄光と悲惨、貧富の差といった光と影の織り成す激しいコントラストはこうしたカラヴァッジェスキたちの画風にも通じ、ナポリ派の画家たちは大都市ナポリのこうした明暗を画面に反映させたのである。

　17世紀の中頃のナポリ画壇をリードしたマッティア・プレーティ(1613～99)は、カラヴァッジョの画風をよく消化し、カラヴァッジョと同じくローマやマルタ島でも活躍したが、1656年にナポリを襲ったペストの奉納画(エクス・ヴォート)によって、ナポリの歴史と信仰を記録した。プレーティは1656年から59年にかけて七つのナポリの城門にエクス・ヴ

ォートを描いたが、多くは風雨にさらされてまもなく破損してしまい(カルミネ門とスピリト・サント門のフレスコの下絵はカポディモンテ美術館にある)、サン・ジェンナーロ門に唯一残っている。大規模なフレスコ装飾を得意としたプレーティの役割は、リベラ風の写実主義から出発しながら鮮やかで享楽的な壁画によってヨーロッパ中で活躍したルカ・ジョルダーノ(1634～1705)に継承された。さらにその影響を受けたフランチェスコ・ソリメーナ(1667～1747)はかろやかで大規模な装飾によってナポリの聖堂や宮殿を彩った。こうして、ナポリの絵画は重苦しいカラヴァッジョ風の写実主義からロココ風の華麗な装飾的画風に推移していった。また、ナポリで流行した写実主義は、歴史画以外のジャンルをも発展させ、新鮮な魚介類や色鮮やかな果実を描いたジュゼッペ・レッコ(1643?～95)、パオロ・ポルポラ(1617～73)、ジョヴァン・バッティスタ・ルオッポロ(1629～93)といった優れた静物画家を生み出し、またロマン主義風景画の祖となったサルヴァトール・ローザ(1613～73)、ペストや民衆反乱を記録したドメニコ・ガルジウロ通称ミッコ・スパダーロ(1609～75頃)、終末論的な都市風景の幻想を描いたフランス人フランソワ・ド・ノーメ通称モンス・デジデリオ(1593～1640頃)といった特異な画家たちが輩出した。

　18世紀初頭、ブルボン家のカルロス3世のもとで大規模な建築造営がおこなわれ、カポディモンテ宮殿をはじめ、カゼルタの王宮、サン・カルロ劇場などが建造されたが、このときナポリの建築は際立った発展を示した。とくにフェルディナンド・サンフェリーチェは創造性にあふれ、多色のファサードをもつヌンツィアテッレ聖堂のほか、奇想に満ちた階段室をもつ邸館を数多く残した。1750年にサンフェリーチェが没すると、翌年王はローマからフェルディナンド・フーガとルイジ・ヴァンヴィテッリを召還した。彼らが18世紀後半のやや古典主義的な傾向を代表することとなった。ヴァンヴィテッリはカゼルタにヴェルサイユ宮殿に想を得た壮大な宮殿と庭園を造営し、ナポリ・バロックの栄光を締めくくったのである。

ナポリのバロックを歩く

ドゥオーモ

　初期キリスト教時代から続く聖堂だが、現在のネオ・ゴシックのファサードは、15世紀の扉口以外は19世紀後半のものである。

　右三番目の広大な礼拝堂は、1608年から37年にかけてナポリ市民の献金によって建造されたテゾーロ・デ・サン・ジェンナーロ礼拝堂であり、大理石、彫刻、フレスコ、絵画で豪華に装飾されたナポリのバロックを代表するモニュメントである。ナポリの守護聖人聖ヤヌアリウス（ジェンナーロ）の血と遺物を納めている。5月の第一日曜日と9月19日には聖人の血が溶解する奇蹟が起こり、それによってその年の息災が保障される。

ドームはランフランコの天井画、ペンデンティヴはドメニキーノによる。ドゥオーモ、テゾーロ・デ・サン・ジェンナーロ礼拝堂

　真鍮の内陣障壁はコジモ・ファンツァーゴ（1628〜65）、ドームにはランフランコの《天国》（1641〜43）がある。ランフランコの天井画は、彼が20年前にローマのサンタンドレア・デラ・ヴァッレ聖堂で試みたものをさらに華麗で大胆に展開したものである。ルネッタとペンデンティヴのフレスコ（1631〜38）はドメニキーノによるものであり、ルネッタは《イスラム教徒からナポリを守る聖ヤヌアリウス》《ヴェスヴィオ火山の噴火からナポリを救う聖ヤヌアリウス》、ペンデンティヴは、《ナポリのためにとりなしをする聖母》と、やはり《とりなしをする聖ヤヌアリウスと諸聖人》を描いており、いずれも明快な線描と清澄な色彩によるドメニキーノの傑作である。祭壇の銅板油彩画も6点中4点がドメニキーノによるものだが、彼が1641年に急逝した（リベラを中心とする嫉妬深いナポリの画家たちに毒殺されたともいわれている）あと、リベラとマッシモ・スタンツィオーネというナポリのカラヴァッジェスキの画家が2点を

ドゥオーモ外観

マルヴィート作、聖ヤヌアリウスの聖遺物に向かって祈るオリヴィエーロ・カラファ枢機卿の大理石像、ドゥオーモ

完成させた。リベラの《溶鉱炉から無傷で出る聖ヤヌアリウス》はドメニキーノを意識して明るく鮮やかな色彩と明快な感情表現を示している（→目次p.3）。

内陣から地下に降りるとスッコルポという祈禱所、またはカラファ礼拝堂がある。1497年にカラファ枢機卿がトンマーゾ・マルヴィートに依頼して設計させたルネサンス建築である。祭壇の聖ヤヌアリウスの聖遺物に向かって祈るオリヴィエーロ・カラファ枢機卿の大理石像が設置され、印象的な空間となっている。

ピオ・モンテ・デラ・ミゼリコルディア聖堂

この聖堂は、近年カラヴァッジョ作品が修復され、聖堂全体が整備されて入りやすくなった。柱廊にはアニエッロ・ファルコーネによる《慈悲の聖母》などの彫像が並び、建物に組み込まれた教会は八角形のプ

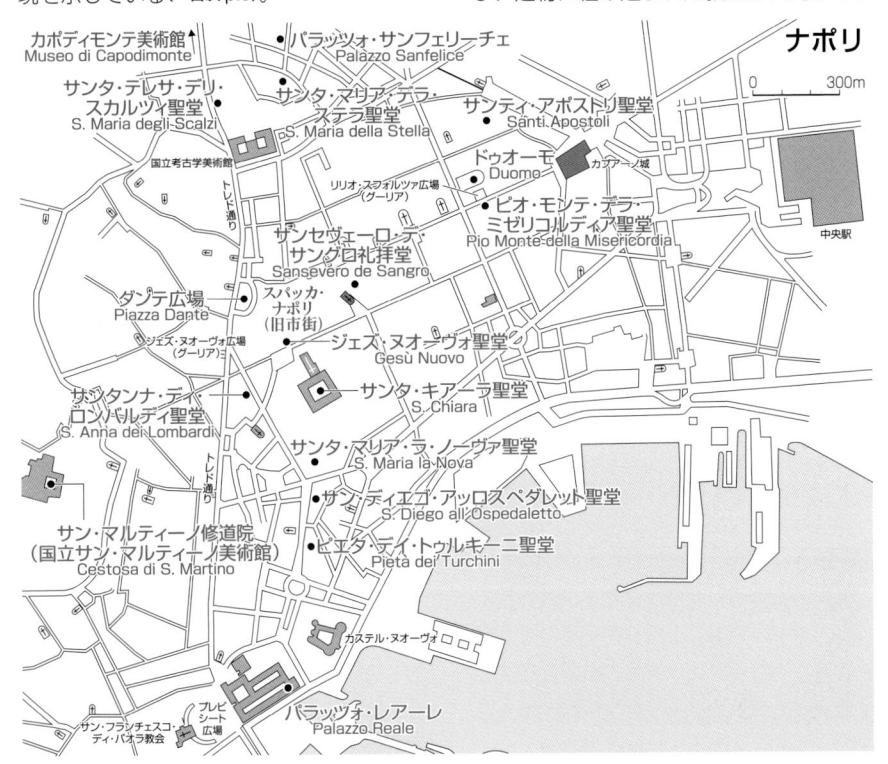

第3章 バロックの港 | 107

カラヴァッジョ《慈悲の七つのおこない》ピオ・モンテ・デラ・ミゼリコルディア聖堂

ランをもつ。明るい内部の祭壇のひとつにはカラヴァッジョのナポリ滞在時の代表作である《慈悲の七つのおこない》（1606〜07）がある。これはこの聖堂を拠点としていた慈善団体の活動を象徴的に表したもので、ごみごみしたナポリの裏通りを描写している。猥雑で活気にあふれるスパッカ・ナポリを歩いてきてこの作品を見ると、カラヴァッジョがいかにナポリの雰囲気を絵画に反映させているかが感得できる。ナポリにおけるカラヴァッジョのもっとも忠実な後継者であるバッティステッロ・カラッチョロの代表作《聖ペテロの解放》（1614〜15）のほか、ルカ・ジョルダーノの《十字架降下》（1669〜71）もある。

付属の絵画館にはカラヴァッジョのライバル、ジョヴァンニ・バリオーネの《十字架降下》やカラヴァッジョの影響を受けたオランダのディルク・ファン・バビューレンの《聖トマスの不信》などがある。

ランフランコによる天井画、サンティ・アポストリ聖堂

サンティ・アポストリ聖堂

5世紀創建の聖堂だが1609年から49年にかけて再建され、ランフランコが内部を

華麗に装飾した。ランフランコは、ファサードの内側、大窓の両側、身廊のヴォールト天井、翼廊、内陣にフレスコを描いた。彼がナポリでてがけたもっとも壮大な壁画であり、サン・マルティーノ修道院やドゥオーモの天井画とともに、ナポリにおける壮大なバロック的天井画を流行させる契機となった。左翼廊にはボロミーニによるフィロマリーノ祭壇がある。

サンタンナ・ディ・ロンバルディ聖堂

モンテオリヴェート聖堂ともいい、アラゴン家によって1411年に建立されたルネサンス建築。ベネデット・ダ・マイアーノ、アントニオ・ロッセリーノ、ジョルジョ・ヴァザーリといった15～16世紀のフィレンツェの美術家たちの作品が多く見られる。堂内のフェナロリ礼拝堂にはかつてカラヴァッジョの大作《キリストの復活》(1609～10)があったが、1805年のナポリ地震の際に失われた。カラヴァッジョに強い影響を受けたカラッチョロの作品も失われたが、カルロ・セリットの《聖ペテロへの鍵の授与》が残っている。

聖堂前のモンテオリヴェート広場にはドナート・アントニオ・カファロによるモニュメンタルな《カルロス2世記念噴水》(1668)があるが、これはメッシーナの《オリオンの噴水》の影響を受けたものである。

ジェズ・ヌオーヴォ聖堂

スパッカ・ナポリに建つこの教会は、15世紀のサンセヴェリーノ家のパラッツォを改築してイエズス会が1584年に聖堂建設に着工し、内部を壮麗に装飾したもの。外壁はパラッツォの名残である切石積みを

フランチェスコ・ソリメーナ《ヘリオドロスの追放》
ジェズ・ヌオーヴォ聖堂

無原罪聖母のグーリア、ジェズ・ヌオーヴォ広場

とどめている。ギリシア十字形の三廊式の堂内は明るく、ファサードの内側にはナポリの後期バロックを代表する巨匠フランチェスコ・ソリメーナの《ヘリオドロスの追放》が描かれ、ドームのペンデンティヴにはランフランコによって福音書記者が描かれている。左翼廊のイグナティウス・デ・ロヨラ礼拝堂にはリベラが描いた聖人の生涯のいくつかの場面がある。後陣のヴォー

第3章 バロックの港

リには3本のグーリアがあり、サン・ドメニコ・マッジョーレ聖堂の前のサン・ドメニコ広場には頂上に聖ドミニクスを頂くグーリア、ドゥオーモの側面、ピオ・モンテ・デラ・ミゼリコルディア聖堂前のリリオ・スフォルツァ広場にはナポリの守護聖人聖ヤヌアリウスを戴くグーリアがある。

サンタ・キアーラ聖堂

14世紀に建立され、アンジュー家の霊廟となっている内部は1943年の砲火によ

ナポリの守護聖人聖ヤヌアリウスを戴くグーリア、リリオ・スフォルツァ広場

ルトにはマッシモ・スタンツィオーネによって聖母伝が描かれている。聖具室にはナポリのカラヴァッジェスキの画家アニエッロ・ファルコーネのフレスコがある。

入口付近のジェズ・ヌオーヴォ広場には、グーリア(尖塔)という塔状のモニュメント(1747〜50)がある。バロック的な装飾が施され、頂上に聖母像を戴いている。ナポ

サンタ・キアーラ聖堂、クラリッセの回廊

バッティステッロ・カラッチョロ (1578〜1635)

　ナポリは「カラッチョロの町」とも呼びたくなるほど、多くの教会でカラッチョロの静穏で感動的な作品に出会うことができる。ナポリ派最初の巨匠にしてカラヴァッジョ派のもっとも優れた画家。カラヴァッジョがナポリに到着した1607年に早くも完璧なカラヴァッジョ様式の《無原罪の御宿り》を描いており、その後も生涯にわたってカラヴァッジョの影響の色濃い作品を制作した。1607年と09年に滞在したカラヴァッジョと直接出会って教えを乞うたであろうことは、カラッチョロがのちにパラッツォ・レアーレにカラヴァッジョの肖像を描き込んだことからも推定できる。1614年と18年にローマに行き、ローマにあるカラヴァッジョ作品を研究するだけでなくオラツィオ・ジェンティレスキの抒情的なカラヴァッジョ様式をも吸収した。1620年代にはランフランコの影響を受け、次第にボローニャ派の古典主義に傾倒して、フレスコに腕をふるうようになる。彼がカラヴァッジョ派の画家にしてはめずらしくフレスコを多く残し、いずれも確かなデッサン力と構成を示していることは注目される。1631年まで継続して仕事をしたサン・マルティーノ修道院では彼の円熟期から晩年の偉大な達成を見ることができる。

アントニオ・コッラディーニ《ベールをかぶった謙譲》
サンセヴェーロ・デ・サングロ礼拝堂

って大半が灰燼に帰し、かつてのバロック的装飾に満ちた内部はがらんとした簡素な空間にとってかわった。ジョヴァンニ・ベルティーニやティーノ・ディ・カマイーノらによるみごとな墓廟彫刻のほか、右第十礼拝堂には、フェルディナンド・フーガとジュゼッペ・サンマルティーノによるブルボン家のフィリップの墓廟(1777)がある。

隣接する「クラリッセの回廊」は13世紀の女子修道会の中庭が1739年から42年にかけて再建されたバロック庭園の傑作。建築家ドメニコ・アントニオ・ヴァッカロが設計し、ドナートとジュゼッペのマッサ親子による黄・緑・青のマヨルカ焼の陶板をちりばめた壮麗な回廊である。庭園には2本の通路が直交し、ベンチや噴水が設置されている。中程にはかつての簡素な中庭の情景を記録した興味深い陶板がある。

サンセヴェーロ・デ・サングロ礼拝堂

現在は美術館として公開されている。1590年にサングロ家の墓廟として建設され、1749年から66年にかけてライモンド・デ・サングロによって再建されたこの礼拝堂は、ナポリの後期バロック彫刻の一大展示場である。

祭壇の右にあるフランチェスコ・クエイローロの《欺瞞からの解放》(1754)は、欺瞞を表す網にもつれた人間性を天使が解放する群像だが、太い縄でできた網までも大理石で掘り出されている点に超絶的な技巧を示している。台座には《盲人を癒すキリスト》の浮彫がある。祭壇の左にはアントニオ・コッラディーニの《ベールをかぶった謙譲》(1752)があるが、これは薄いベールに裸体が透けて見えるような状態を彫ったやはり名人芸的な作品であり、台座には《ノリ・メ・タンゲレ》の浮彫がある。祭壇手前、コッラディーニの弟子であったジュゼッペ・サンマルティーノによる《ベールをかけられたキリスト》(1753)は師の影響を受けつつさらにそれを凌駕するみごとな技術を誇っている。主祭壇には窮屈なほど人物が詰め込まれたフランチェスコ・チェレブラーノの《ピエタ》の浮彫がある。

サンマルティーノやチェレブラーノはナポリに多くの作品を残し、後期バロックの様式を18世紀末まで維持した。ここにある彫刻群は、寓意や宗教の主題が、驚くべき名人芸と技巧主義を示すためのたんなる口実になっているかのようであり、精神性や宗教性が希薄となっている。これはベル

サン・マルティーノ修道院　天井画とルネッタはランフランコ、主祭壇画はグイド・レーニ

サン・マルティーノ修道院　中央がスタンツィオーネ《ピエタ》、左右がリベラによる《モーセ》《エリヤ》

ニーニに始まるバロック彫刻の自然主義が帰結した究極の姿であり、バロック美術の終焉をも物語っているといえよう。

サン・マルティーノ修道院
（国立サン・マルティーノ美術館）

　カルトゥジオ会の修道院であったが16世紀末にジョヴァンニ・アントニオ・ドジオが全面的に改築に着手し、1625年から56年に建築家・彫刻家のコジモ・ファンツァーゴが完成させた。19世紀後半に修道院が廃止され、美術館になった。内部の装飾は、リベラやカラッチョロといったナポリ派、グイド・レーニやランフランコといったボローニャ派、盛期バロックのルカ・ジョルダーノまで17世紀ナポリ絵画の黄金時代を支えた巨匠たちが腕をふるい、ナポリ美術の黄金時代の華麗な展示場となっている。

　聖堂の身廊の天井画《キリストの栄光》（→目次 p.3）はランフランコによるもの（1637～40頃）であり、また各礼拝堂のアーチ部分にはリベラによる預言者像（1638～43）が描かれている。ファサードの裏にはリベラの《モーセ》と《エリヤ》、その間にはナポリ派のマッシモ・スタンツィオーネによる《ピエタ》がある。後陣の聖歌隊席のヴォールトにはカヴァリエール・ダルピーノのフレスコがあり、中央にグイド・レーニの大作《生誕》（1642）、その上のルネッタにはランフランコの《磔刑》のフレスコがある。左壁にはバッティステッロ・カラッチョロの《弟子の足を洗うキリスト》（1622）とリベラの《弟子たちの聖体拝領》（1651）がある。リベラ晩年のこの大作は、カラヴァッジョ風の暗い色彩ではなく、青空と古代風建築を配した明るく古典的な画風を示している。カラッチョロ作品では人物が闇に浮かび上がり、画面上部に大きく空間が空くというカラヴァッジョ晩年の様式の影響を受けている。この修道院はカラッチョロの円熟期の傑作にあふれている。聖堂内のサン・ジェンナーロ礼拝堂は1632年から34年にかけてカラッチョロがナポリの守護聖人聖ヤヌアリウス伝をフレスコで描き、聖人への拷問と斬首の場面を祭壇に描いた。これらにはカラヴァッジョの影響だけでなくナポリで精力的に活動したランフランコの影響もうかがわれる。主祭壇にあったカラッチョロの《聖ヤヌアリウスの栄光》（1632頃）は右第一番目のロザリオ礼拝堂に移されており、主祭壇には

ドメニコ・アントニオ・ヴァッカロの浮彫《ナポリの鍵を聖ヤヌアリウスに授ける聖母》がある。左第二番目の被昇天礼拝堂はスタンツィオーネがヴォールトのフレスコを描いている。左第三礼拝堂は1631年にカラッチョロが全面的に装飾しており、天井のヴォールトとルネッタに聖母伝のフレスコを描き、主祭壇には《聖母被昇天》を制作したが、祭壇画はクアルト・デル・プリオレ(美術館)に移されている。

聖具室の主祭壇にはリベラの代表作で何度も模写された《ピエタ》(1637)があり、天井にはルカ・ジョルダーノが《ユディトの勝利》(1704)を描いている。

クアルト・デル・プリオレには、カラッチョロの《聖母子》やリベラの《聖セバスティアヌス》などの作品が数多く展示されている。またプレゼピオ部門にはキリスト生誕模型であるプレゼピオの大コレクションがあり、このナポリの伝統工芸の精巧な細工の妙を堪能することができる。

また14世紀の名残をとどめ、ドジオが整備した大小二つの中庭もみごとである。

サンタ・マリア・デラ・ステラ聖堂

16世紀末に建造されたが、1944年に焼け落ち、再建された。内部の絵画のうちバッティステッロ・カラッチョロのもっとも初期の作品にして代表作《無原罪の御宿り》(1607)が唯一現存し、現在主祭壇に掲げられている。人物が多く混乱した構成や暗い画面、複数の光源など、わずか数カ月前に描かれたカラヴァッジョの《慈悲の七つのおこない》の影響を濃厚に示している。図像的に伝統的な無原罪の御宿りとはまったく異なるが、カラッチョロがカラヴァッジョの革新的な作品に誘引されて創出したものであり、彼がカラヴァッジョの短いナポリ滞在中に早くも巨匠の様式を完全に習得したことを物語っている。

サンタ・マリア・ラ・ノーヴァ聖堂

13世紀に建立され、16世紀末に再建された。1598年から1603年にかけて作られた壮麗な天井には46枚の絵画がはめ込まれているが、これはファブリツィオ・サンタフェーデ、フランチェスコ・クーリア、ジローラモ・インパラートらによるもので、マニエリスムと自然主義の折衷ともいうべき16世紀末、つまりカラヴァッジョ以前

カラッチョロ《無原罪の御宿り》の前で朝の祈りを捧げる修道士たち。サンタ・マリア・デラ・ステラ聖堂

サンタ・マリア・ラ・ノーヴァ聖堂天井

第3章 バロックの港

のナポリ画壇の様相をよく示している。

右第一礼拝堂は1620年代にカラッチョロがてがけたフレスコで装飾されている。天井には《大天使ミカエル伝》、側壁には墓廟を覆うカーテンとそれを持ち上げる天使が描かれている。

パラッツォ・レアーレ

1600年から1734年までスペインとオーストリアの総督宮殿であり、1860年からブルボン家が居住した。1600年から02年にかけて、ローマのカトリック改革期の重要な建築家ドメニコ・フォンターナが建設し、18世紀と19世紀に増築と改築がなされ、現在内部は博物館となっている。宮廷小劇場はフェルディナンド・フーガによるもの。カラッチョロのフレスコ装飾が残っており、第11室「外交官の間」には「スペイン王家の栄光」を主題とした天井画がある。そのうちスペイン初代総督ゴンザロ・デ・コルドバと外交官の出会いを表した場面には、中央に師であったカラヴァッジョの肖像が描き込まれている。

サンタ・テレサ・デリ・スカルツィ聖堂

左第二礼拝堂に、カラッチョロが1616年から20年頃にかけて描き、コスタンティーノ・マラージが大理石装飾を、アンドレア・メルリアーニがストゥッコ装飾を施した天井画がある。聖母を中心にカルメル会の歴史が表現され、四隅の楕円形のうちにカルメル会の聖女が配されている。明るく鮮やかな色彩はランフランコの影響を示している。

サン・ディエゴ・アッロスペダレット聖堂

1595年に病院の跡地に建てられた教会で、第二次世界大戦の爆撃で甚大な被害を受けた。左奥、つまり主祭壇の左隣の礼拝堂は1635年頃にカラッチョロによって旧約聖書と聖母伝の場面が、壁面と天井にフレスコで描かれている。天井中央には《聖母の戴冠》があり、側壁にはカラッチョロにはめずらしい風景表現が見える。カラッチョロ晩年の装飾として重要である。このほか、右奥にはマッシモ・スタンツィオーネの《ラザロの復活》がある。

ジュゼッペ・デ・リベラ (1591〜1652)

ナポリ派最大の巨匠にしてスペイン17世紀絵画の黄金時代を導いた巨匠。バレンシア近くのファティバで生まれ、リバルタの弟子だったとされるが、若い頃にナポリにきてそこで生涯を送った。「殉教図の画家」と称され、カラヴァッジョ作品のもっていた暴力性や残虐性を強調した酷薄なまでの写実主義を展開した。スペイン副王や宮廷の有力者の庇護を受け、多くの作品がスペインに送られた。それらの作品はマドリードのプラド美術館で目にすることができるが、ナポリでもカポディモンテ美術館やサン・マルティーノ修道院、ドゥオーモで彼の傑作群を見ることができる。パルマやローマにも滞在しており、さらにヴァン・ダイクの作品の影響や1630年にナポリにきたベラスケスとの接触によって、次第に画面は明るくなって豊かな色彩を示すようになった。

ピエタ・デイ・トゥルキーニ聖堂

　1583年に建造され、17世紀のナポリ派の作品がある。右第三礼拝堂にあるカラッチョロの《聖家族》(1617)は図像的にも興味深い。画面下部では聖母、幼児キリスト、ヨセフの三人、上部では父なる神と聖霊、天使が登場し、地上と天上双方の三位一体が表されている。このほか、フィリッポ・ヴィターレの代表作《守護天使》やジョヴァンニ・ドーの《生誕》がある。

カポディモンテ美術館

　1738年にブルボン家のカルロス3世が作らせ、1838年にようやく完成した宮殿。1920年に国家に寄贈されて、一部が美術館や博物館となった。建物から続く庭園はフェルディナンド・サンフェリーチェのデザインである。カルロス3世の母の出身のファルネーゼ家の収集品を相続したことから、この美術館にはローマのパラッツォ・ファルネーゼを飾っていた古代からバロックの重要な美術品が展示されている。それ以外に廃寺や収集家から集められたナポリ美術や、教会から寄託された文化財を保存している。アンニーバレ・カラッチの《分かれ道のヘラクレス》(1595)はパラッツォ・ファルネーゼのカメリーノの天井画であったもので、ほかに同じ画家の《ピエタ》もある。ランフランコの《天上に運ばれるマグダラのマリア》、グイド・レーニの《アトランタとヒッポメネス》(1630)、バルトロメオ・スケドーニの《慈愛》(1611)といったエミリア派が充実している。カラヴァッジョの《キリストの笞打ち》は彼が1607年にナポリに滞在したとき描いたもので、サン・ドメニコ・マッジョーレ聖堂

カポディモンテ美術館

にあったものが寄託されている。カラヴァッジョ以前の15～16世紀のナポリ絵画、コラントニオ、ポリドーロ・ダ・カラヴァッジョ、テオドーロ・デンリコ、フランチェスコ・クーリアのほか、カラヴァッジョに触発されて勃興したナポリ派の絵画はとくに充実しており、《煉獄の魂を救済する聖母》(1625)などのカラッチョロ、《酔ったシレノス》(1626)、《聖ヒエロニムスと審判の天使》(1626)などのリベラをはじめとして、マッシモ・スタンツィオーネ、アニエッロ・ファルコーネ、ベルナルド・カヴァッリーノ、フランチェスコ・グアリーノ、アルテミジア・ジェンティレスキ、アンドレア・ヴァッカロ、ミッコ・スパダーロ、サルヴァトール・ローザ、マッティア・プレーティ、ルカ・ジョルダーノ、フランチェスコ・ソリメーナといったナポリの偉大な絵画伝統を一望することができる。

　このほかシモーネ・マルティーニ《トゥールーズの聖ルイ》、マゾリーノ《サンタ・マリア・マッジョーレ聖堂の建設》、マザッチョ《磔刑》、コレッジョ《聖カタリナの神秘の結婚》、パルミジャニーノ《アンテア》、ブリューゲル《盲人の譬え》、ジョヴァンニ・ベッリーニ《キリストの変容》、

第3章 バロックの港

カラヴァッジョ《キリストの笞打ち》カポディモンテ美術館

アルテミジア・ジェンティレスキ《ユディトとホロフェルネス》カポディモンテ美術館

カヴァリーノ《聖チェチリア》カポディモンテ美術館

ティツィアーノ《ダナエ》《パウルス3世とその甥》、ロレンツォ・ロット《ベルナルド・デ・ロッシの肖像》《聖会話》といったルネサンス絵画の名品も見逃せない。

パラッツォ・サンフェリーチェ

ナポリのバロックを代表する建築家フェルディナンド・サンフェリーチェが1728年に自らのために建てたもの。中庭の奥にある階段室は左右にせり上がるような独特の外観を見せる。ここからほど近いパラッツォ・デロ・スパニョーロにもサンフェリーチェによる、やはり壮麗な階段室がある。

リベラ《酔ったシレノス》カポディモンテ美術館

ダンテ広場

ルイジ・ヴァンヴィテッリによる半円形の赤い壁面(フォロ・カロリーノ)で覆われた広場。手すりのついた上部には王の美徳を表す26の擬人像が並ぶ。当初はブルボン家のカルロの騎馬像を設置する予定だったが実現しなかった。中央のダンテの像は1872年のものである。

ルイジ・ヴァンヴィテッリ、ダンテ広場

2 ジェノヴァ

　ヴェネツィアと覇を競っていた海洋国家ジェノヴァは、中世から国際的な金融業が盛んであり、開放的な性格をもっていた。ジェノヴァにはつねに東西南北の文化が流入し、カラヴァッジョ、グイド・レーニ、ルーベンス、ヴァン・ダイク、ベラスケスといった多くの巨匠が次々にやってきて活躍した。とくにフランドル人にとっては、この都市で腕試しをすることが伝統となっていた。17世紀のジェノヴァはこうしてイタリア内外のあらゆる画派と接触し、ジェノヴァの美術家たちはそれらを取捨選択して華麗なバロック様式を生み出したのである。絵画では、16世紀にも巨匠ルカ・カンビアーゾが教会と宮殿の装飾に活躍し、ローマ劫略の難を逃れてやってきたペリン・ダル・ヴァーガが支配者ドーリア家の宮殿に色鮮やかな壁画を残すなど豊かな伝統を誇っていた。

　しかし、この都市の真に固有の流派は、ルーベンスとヴァン・ダイクという二人のフランドルの巨匠が与えた影響が生み出したといってよい。ルーベンスは1607年と20年の二度にわたってサンタンブロージョ聖堂にバロック的な祭壇画を残し、ヴァン・ダイクは1621〜22年、1626〜27年に滞在してジェノヴァの貴族たちの気品あふれる肖像画を数多く残した。これらに刺激された画家たちとしては、カラヴァッジェスキ風の画風から出発したドメニコ・フィアゼッラやアン

ルーベンス《キリストの割礼》サンタンブロージョ聖堂主祭壇

ヴィア・ガリバルディ

第3章 バロックの港

ドレア・アンサルド、ジョアッキーノ・アッセレートがいるが、中でもベルナルド・ストロッツィが際立っている。1630年にヴェネツィアに移ることになるストロッツィはジェノヴァでの活動期間は短いものの、宗教画にも風俗画にもフレスコにも、明るく鮮やかな色彩といきいきとした筆触による個性的な様式を示し、ジェノヴァ派の開放的でのびやかな絵画を代表する巨匠となった。ストロッツィのもとからは、ストロッツィよりもさらに表現主義的でスケッチ風の画風を示したヴァレリオ・カステッロが出た。ジョヴァンニ・ベネデット・カスティリオーネもルーベンスやヴァン・ダイクに発する豊麗な様式を展開し、同時にレンブラント版画に影響を受けた思索的な作品を残した。

　カンビアーゾ以来の伝統である大規模なフレスコ装飾も17世紀に最盛期を迎えた。ジョヴァンニとジョヴァンニ・バッティスタのカルローネ兄弟に始まり、ドメニコ・ピオーラ(1627～1703)、グレゴリオ・デ・フェッラーリ(1647～1726)にいたる画家たちは、サンタンブロージョ聖堂やサンティッシマ・アヌンツィアータ・デル・ヴァスタート聖堂をはじめとするジェノヴァの宮殿や聖堂を色彩豊かで華麗な装飾で覆った。こうした風土に育ったジョヴァンニ・バッティスタ・ガウッリ通称バチッチア(1639～1709)はローマに出て、イル・ジェズ聖堂のまばゆいばかりの天井画(→カバー表)を制作することになる。しかし、グレゴリオ・デ・フェッラーリやバチッチアの華麗な色彩や流麗な筆触は、すでにロココ的な洗練と脆さを示している。

　建築では、16世紀半ばにスタラーダ・ヌオーヴァ(現在のヴィア・ガリバルディ)に沿って多くのパラッツォが建てられた。ジェノヴァのこうしたパラッツォのタイプを創出したのはガレアッツォ・アレッシであり、ロッコ・ルラーゴは斜面を生かしたパラッツォ・ドーリア・トゥルシのような傑作を生み出した。ジェノヴァ最大の建築家バルトロメオ・ビアンコはこの傾向を継承した。1630年に設計されたイエズス会のコレージョ(現ジェノヴァ大学)は、急斜面を利用し、玄関と中庭が階段で直結されて劇的に空間の連続性を高めている。

ジェノヴァの
バロックを歩く

パラッツォ・ニコロジオ・ロメッリーノ
　ストロッツィの新発見の傑作壁画がある。1563年にジョヴァンニ・バッティスタ・カステッロの設計に基づき、ニコロジオ・ロメッリーノが建てさせた。その後チェントゥリオーネ家の手に渡り、1623年にストロッツィに天井画が注文される。1711年にパラヴィチーニ家、1865年に

パラッツォ・ロメッリーノ外観

ジェノヴァ

- パラッツォ・デッルニヴェルシタ（ジェノヴァ大学） Pal. dell'Università
- サンティッシマ・アヌンツィアータ・デル・ヴァスタート聖堂 SS. Annunziata del Vastato
- パラッツォ・レアーレ Pal. Reale
- パラッツォ・ビアンコ Pal. Bianco
- パラッツォ・ニコロジオ・ロメッリーノ Palazzo Lomellino
- ヴィレッタ・ディ・ネグロ
- スピノラ宮国立美術館 Gall. di Pal Spinola
- ガリバルディ通り
- ドリア宮殿
- パラッツォ・ロッソ Pal. Rosso
- カンビアーゾ宮殿
- サン・ルカ聖堂 S. Luca
- サン・マッテオ広場
- サン・マッテオ教会
- サン・ロレンツォ大聖堂
- デ・フェラーリ広場
- サンタンブロージョ聖堂 S. Ambrogio

第3章 バロックの港　119

> ## ベルナルド・ストロッツィ (1581〜1644)
>
> ジェノヴァ・バロック最大の画家。シエナ出身のピエトロ・ソッリのもとで修行したのちカプチーノ会修道士となる。ロンバルディア派やカラヴァッジョ様式の影響のほか、ルーベンスやヴァン・ダイクをよく研究し、豊かな色彩と大まかな筆触による様式を確立して宗教画・風俗画・肖像画を制作する一方、フレスコにも優れた腕を示した。1630年にヴェネツィアに移住したが、ヨハン・リスがペストで早世したあとの人材の空白期であったため、大きな成功を収めた。

ポデスタ家の所有となって現在にいたっている。1711年以降の改築で一階の三部屋に描かれていた天井画は隠れてしまっていたが、2002年に完全な状態で発見され、公開されるようになった。主題は《信仰の新大陸到着》という、めずらしいものである。四福音書記者と天使を伴った信仰の擬人像が新大陸で若者(おそらく注文者のルイジ・チェントゥリオーネ)に迎えられており、この場面を取り巻くルネッタには新大陸の先住民の様々な生活風景が描かれている。チェントゥリオーネ家はコロンブスの冒険に出資しており、キリスト教宣教者でもあったことからこうした主題が選ばれたのであろう。続く二つの部屋の天井画は損傷があって全貌は見えないが、航海と天文学の擬人像、およびトリトンが判別できる。ストロッツィのみずみずしい色彩と筆触がみごとに表れているこれらの天井画はジェノヴァ絵画の黄金時代を証するものである。ストロッツィのフレスコはヴィラ・チェントゥリオーネ・カルパネートに《クルツィオ・ルーフォの生涯》の壁画があり、油彩画はパラッツォ・ロッソなどにある。

ストロッツィ《信仰の新大陸到着》

ストロッツィによるパラッツォ・ロメッリーノ天井画装飾《新大陸の風俗》

サン・ルカ聖堂内陣

サン・ルカ聖堂

　1188年に建設され、1626年から50年にかけ再建された。内陣にドメニコ・ピオーラの大きなフレスコがあり、その前の主祭壇にフィリッポ・パラーディの《無原罪の御宿り》の彫像が立っている。

サンタンブロージョ聖堂

　正確にはサンティ・アンブロージョ・エ・アンドレア聖堂といいイル・ジェズ聖堂ともいう。6～7世紀の聖堂が16世紀に改築され、ジェノヴァのイエズス会士マルチェッロ・パラヴィチーニが出資して1592年から新たにイエズス会の聖堂として整備された。多色の大理石でできた豪華な内部は重要なバロック絵画にあふれる。とくに重要なのは主祭壇の、1605年に完成したルーベンスの傑作《キリストの割礼》(→p.117)である。ローマのイル・ジェズ聖堂の主祭壇はムツィアーノの同主題作品だっ

たが、これに倣ってパラヴィチーニがルーベンスに依頼したものである。ローマのキエーザ・ヌオーヴァとともにルーベンスが主祭壇を飾る貴重な聖堂となったが、ここでも遠くから見ても印象深いルーベンスの力量が遺憾なく発揮されている。ルーベンスは左翼廊の聖イグナティウス・デ・ロヨラ礼拝堂にも《聖イグナティウスの奇蹟》を1620年に描いている。

右翼廊の被昇天礼拝堂にはグイド・レーニが1617年に制作した傑作《聖母被昇天》がある。右第二礼拝堂の祭壇にはシモン・ヴーエが1622年にローマで描いた劇的な《磔刑》がある。ヴーエのカラヴァッジェスキ時代の傑作である。右第四礼拝堂にはイエズス会士アンドレア・ポッツォによる《無原罪の御宿りと幼児キリストを抱く聖スタニスラオ・コストカ》があるが、大規模なフレスコ画で知られるこの画家がタブローにも優れた技量をもっていたことを示している。

ジェノヴァ派の絵画も充実している。身廊天井の大規模なフレスコは、ジョヴァンニとジョヴァンニ・バッティスタのカルローネ兄弟による《キリストとマリア伝》(1625～27)、ドームの天井画は後者による《イエスの御名の栄光》である。こうした天井画はローマのイル・ジェズ聖堂の大規模な装飾を先駆するものとして興味深い。左身廊にある聖フランシスコ・ザビエル礼拝堂には、主祭壇のレーニの弟子ドメニコ・グラッシの《聖フランシスコ・ザビエルの説教》のほか、天井にはヴァレリオ・カステッロによる《豊後の王女に洗礼を施す聖フランシスコ・ザビエル》と《十字架を示して仏教徒の軍を敗走させる聖フランシスコ・ザビエル》の2点の油彩画がある。このほか、左第四礼拝堂にはジョヴァンニ・バッティスタ・ラッジの《聖ステパノの殉教》、内陣にはドメニコ・ピオーラの《エジプト逃避途上の休息》とジョヴァンニ・バッティスタ・メラーノの《嬰児虐殺》がある。

パラッツォ・デッルニヴェルシタ（ジェノヴァ大学）

ジェノヴァのバロックを代表する建築家バルトロメオ・ビアンコの代表作(1630～36)。もともとイエズス会のコレージョとして建設された。パラッツォ・ドーリア・トゥルシと同じく、ジェノヴァ特有の急斜面をみごとに利用し、四つのレベルに柱廊をもつ中庭を作り出した。玄関と中庭が階段によって一体化され、中庭の奥にはさらにテラスに上る階段が続いて劇的な空間となっている。

サンタ・マリア・アッスンタ・イン・カリニャーノ聖堂

丘の上にそびえるこの荘厳な教会は、1552年にガレアッツォ・アレッシによっ

サンタ・マリア・アッスンタ・イン・カリニャーノ聖堂

右頁　サンタ・マリア・アッスンタ・イン・カリニャーノ聖堂内部

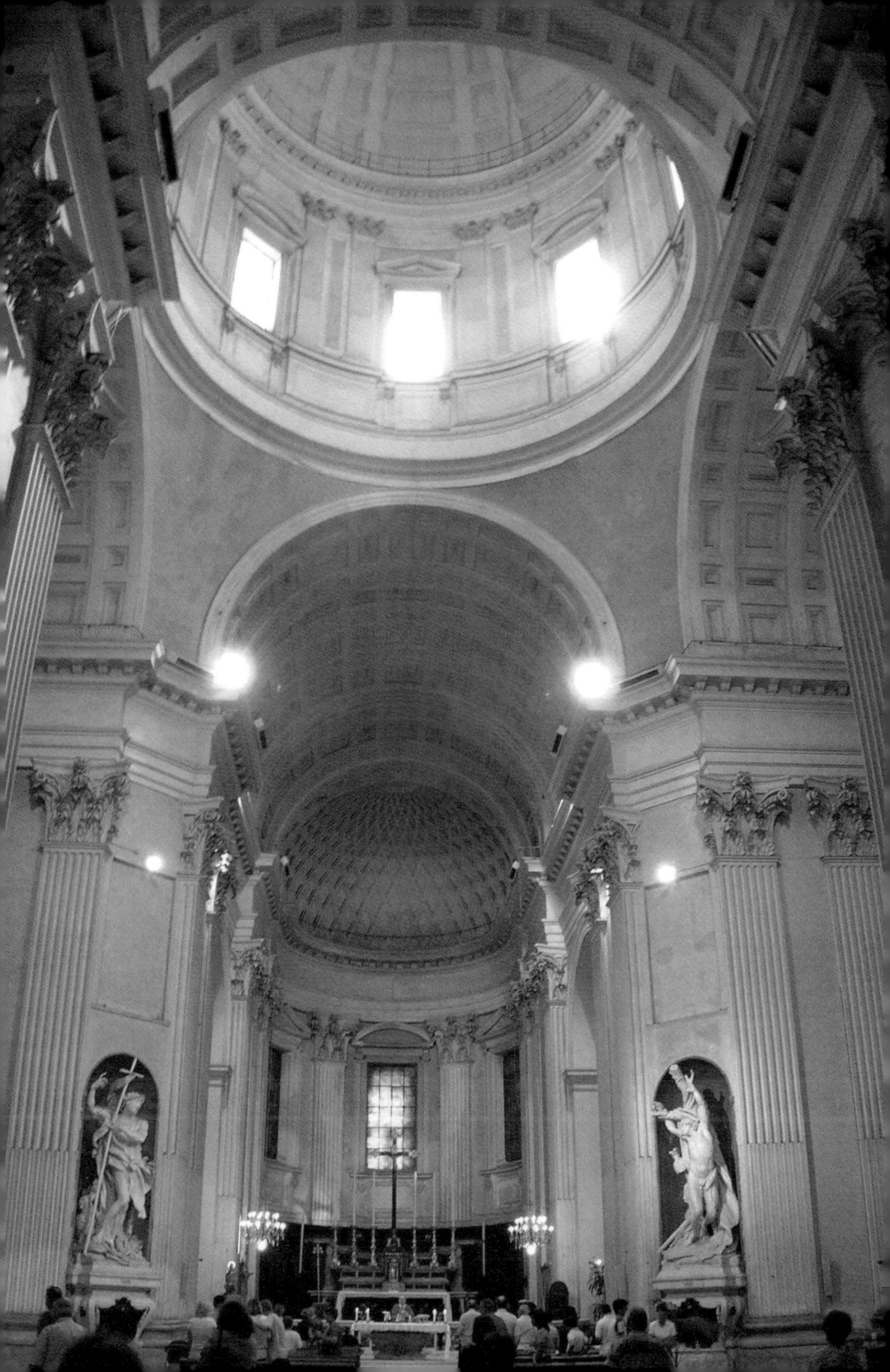

ジュリオ・チェーザレ・プロカッチーニ《最後の晩餐》
サンティッシマ・アヌンツィアータ・デル・ヴァスタート聖堂

カルローネ兄弟による天井画　サンティッシマ・アヌンツィアータ・デル・ヴァスタート聖堂身廊

サンティッシマ・アヌンツィアータ・デル・ヴァスタート聖堂ドーム　ドームの天井画はアンドレア・アンサルドの作。

サンティッシマ・アヌンツィアータ・デル・ヴァスタート聖堂外観

て建造された。広い内部には洗礼者ヨハネと聖セバスティアヌスの大きな大理石像がある。ジェノヴァのルネサンスを代表する巨匠ルカ・カンビアーゾの《ピエタ》もある。

サンティッシマ・アヌンツィアータ・デル・ヴァスタート聖堂

ジェノヴァ屈指の壮麗な教会。1520年に建造され、1591年から1625年にかけて改築された。1867年には新古典主義風の列柱廊（プロナオス）が前部に追加されて現在にいたっている。内部はジェノヴァ派絵画の壮大な展示場となっている。

身廊の天井画はいくつかの画面に分かれ、中央の大きな画面がキリスト伝、左が旧約、右が使徒行伝の物語が縦に続いている。カルローネ兄弟が大半を仕上げ、ジョアッキーノ・アッセレートがいくつかの場面を制作した。ドームの天井画《聖母と聖人たちの栄光》はアンドレア・アンサルドの作でのちにグレゴリオ・デ・フェッラーリによって修復されている。内陣の天井画《受胎告知》と《聖母被昇天》と側壁の《神殿奉献》と《博士と論争するキリスト》はジュリオ・ベンソによるもので、聖堂内の建築が画面に接続するかのような虚構の建築のイリュージョンと大胆な凝視法を駆使した劇的でダイナミックな効果を生み出している。このほか各礼拝堂にはカルローネ兄弟やドメニコ・ピオーラらジェノヴァ派の絵画群がある。入口の上にはミラノのバロックを代表する画家ジュリオ・チェーザレ・プロカッチーニの《最後の晩餐》があるが、ミラノにあるレオナルドの有名な同主題作品をバロック的に翻案した傑作である。

パラッツォ・レアーレ

17世紀の建造だが、1775年にカルロ・フォンターナが二重階段と港側のテラスに庭園を造った。サヴォイア家の所有になる前にジェノヴァの名門貴族であるバルビ家とドゥラッツォ家が所有していたため、内部は18世紀のジェノヴァ貴族の邸宅の典型を示しており、豪華な装飾と調度品にあふれている。第6室には19世紀にトリノから移されたヴェロネーゼの饗宴図の傑作《シモンの家のキリスト》があり、第23室にドメニコ・フィアゼッラによる同主題作品（1613頃）がある。第8室にはヴァレリオ・カステッロのイリュージョニスティックな天井画《バルビ家の栄光》（1651頃）、第13室にはルカ・ジョルダーノの《フィネウスを石に変えるペルセウス》、第14室にもカステッロの《プロセルピナの略奪》やヴァン・ダイクの《カテリーナ・バルビ・ドゥ

ラッツォの肖像》がある。

スピノラ宮国立美術館

　16世紀末に建設され、18世紀に改築されたジェノヴァ貴族の典型的な邸館で家具や調度品が備わっている。1958年にスピノラ家から国家に寄贈された。

　ラッザロ・タヴァローネ、ロレンツォ・デ・フェッラーリ、セバスティアーノ・ガレオッティといった18世紀のジェノヴァの画家たちが天井や壁をフレスコで装飾しており、ストロッツィ、ドメニコ・ピオーラ、カスティリオーネといった17世紀のジェノヴァ絵画が多く飾られている。ジェノヴァに滞在したルーベンスの傑作《ジョヴァンニ・カルロ・ドーリアの肖像》(1606)はそのドラマチックな表現によってジェノヴァ派に大きな影響を与えた。このほか、アントネッロ・ダ・メッシーナの珠玉の名品《エッケ・ホモ》がある。

パラッツォ・ロッソ

　1671年から77年に建設されたバロック様式の邸館で内部は美術館となっている。二階にはティツィアーノ、ヴェロネーゼといったヴェネツィア派、オスカー・ワイルドや三島由紀夫を惹きつけたグイド・レーニの有名な《聖セバスティアヌス》(ローマのカピトリーノ美術館にあるバージョンよりこちらのほうが早いとされる)、ヴァン・ダイクの肖像画、ストロッツィの名作《料理女》をはじめ、フィアゼッラ、カスティリオーネらジェノヴァ派の絵画が展示されている。

　調度品が備えつけられた三階の諸間の天井にはグレゴリオ・デ・フェッラーリとド

ジョヴァンニ・ベネデット・カスティリオーネ《ノアの燔祭》パラッツォ・ビアンコ

メニコ・ピオーラによって四季の寓意が描かれている。前者が春と夏、後者が秋と冬を描いているが両者はみごとな均衡をとっている。とくにグレゴリオ・デ・フェッラーリの天井画は色彩豊かで装飾性に富み、この画家の代表作となっている。

パラッツォ・ビアンコ

　1548年に建設され、18世紀に改修された。内部は美術館となっている。ルカ・カンビアーゾの《聖家族》をはじめ、ストロッツィ、アッセレート、カスティリオーネ、カステッロ、フィアゼッラ、オラツィオ・デ・フェッラーリからマニャスコにいたるジェノヴァ絵画のほか、ジェノヴァと縁の深かったフランドル絵画も充実し、メムリンク《祝福するキリスト》、ヘラルト・ダフィットの《聖母子》、ルーベンス、ヴァン・ダイク、アールツェン、ブーケラールのほか、スルバラン《聖ウルスラ》やムリリョ《エジプト逃避》などのスペイン絵画、カラヴァッジョの《エッケ・ホモ》などもある。

ストロッツィ《料理女》パラッツォ・ロッソ

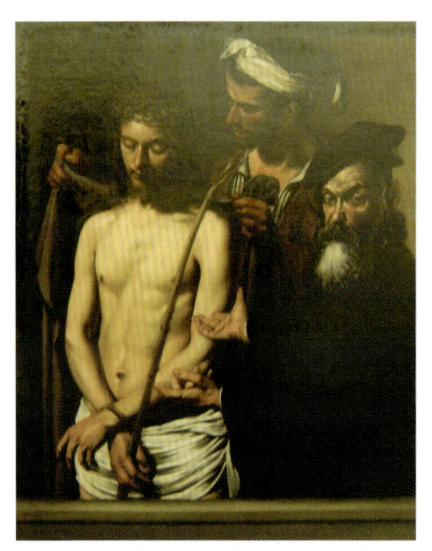

カラヴァッジョ《エッケ・ホモ》パラッツォ・ビアンコ

ヴァレリオ・カステッロ《聖ラウレンティウスの殉教》
パラッツォ・ビアンコ

3 ヴェネツィア

　16世紀の絵画の黄金時代を迎えたヴェネツィアは、政治的にも経済的にも徐々に没落していき、17世紀には、絵画ではめだった巨匠を輩出しなかった。わずかに、ローマ出身でマントヴァの宮廷で活躍したのち、1622年にきたドメニコ・フェッティ（1589～1624）、ドイツのオルデンブルクに生まれ、フランドルで修行して1621年頃にきたヨハン・リス（1595頃～1629）、ジェノヴァから1630年に移り住んだストロッツィ（→p.119）といった外からやってきた画家たちが、ルーベンスとルネサンス期のヴェネツィア派からの影響を受けて色彩豊かなバロック様式を展開していた。

　18世紀になると、金銭によって新たに貴族の称号を得た

ジョヴァンニ・バッティスタ・ピアツェッタ《聖ドミニクスの栄光》サンティ・ジョヴァンニ・エ・パオロ聖堂

第3章 バロックの港

新興貴族たちが邸館を建設して装飾させ、「第二次ヴェネツィア派」というべき美術の黄金時代を招いた。過去の栄光を回顧するように16世紀の文化のリバイバル運動が起こり、ヴェネツィア派の最後を飾ったヴェロネーゼの祝祭的な華やかさが求められたが、ゼバスティアーノ・リッチ(1659～1734)はヴェロネーゼの画風を当世風にアレンジしてバロック的装飾への道を拓いた。これに反してジョヴァンニ・バッティスタ・ピアツェッタ(1683～1734)は寡作ながらカラヴァッジョ風の明暗と人物の堅固な存在感によって忘れがたい作品を残した。

　こうした傾向を継承し総合したのが18世紀最大の巨匠となったジャンバッティスタ・ティエポロ(→p.132)である。ティエポロはピアツェッタ風のカラヴァッジェスキから出発し、リッチ以上に華やかで明るい軽やかな装飾様式に達した。パラーディオ様式を復興させた建築家ジョルジョ・マッサリ(1686頃～1766)による古典主義的なジェズアーティ聖堂に仰視法で描いた天井画《ロザリオの制定》や、観者を宴会場に迷い込ませるようなパラッツォ・ラビアの壁画《クレオパトラの饗宴》、ヴィチェンツァ郊外のヴィラ・ヴァルマラーナの《イフィゲネイアの犠牲》のように、彼の画面は澄んだ透明感のある色彩といきいきとした筆触、建築空間に合致したみごとなイリュージョンを作り出している。ティエポロはヴェネトやロンバルディアの各地からも多くの注文を受け、さらにドイツのヴュルツブルクやマドリード王宮にも赴いて腕をふるった。とくにヴュルツブルクではドイツ・バロック建築の巨匠バルタザール・ノイマンによる司教館(レジデンツ)の内部をストゥッコ職人とともに装飾したが、大階段室(トレッペンハウス)の壮大な天井画《オリュンポス山と四大陸の寓意》はローマでポッツォが完成させた遠近法によるイリュージョンではなく、中央は雲に彩られた広大な空で周縁部にモチーフが密集しており、観者の動きに合わせて次々に事物が目に飛び込んでくる構成となっている。こうしたティエポロのかろやかな装飾様式はバロック最後の光芒を示すものであり、ティエポロはジョット以降のイタリア美術の偉大な伝統を締

めくくる最後の巨匠であるといわれる。

　ティエポロの息子で助手、ヴィラ・ヴァルマラーナなどで共作したジャンドメニコ・ティエポロ(1727〜1804)は優れた風俗画家となったが、ヴェネツィア貴族の日常を描いたピエトロ・ロンギ(1702〜1804)の風俗画のように18世紀のヴェネツィアでは世俗的なジャンルも盛んとなった。グランド・ツアーでヴェネツィアを訪れる観光客に人気のあったのがヴェドゥータ(都市景観画)である。カナレットとその甥のベルナルド・ベロット、フランチェスコ・グアルディらはヴェネツィアの運河や光を克明に記録して、落日のヴェネツィアの姿を伝えている。

　建築では、上述のジョルジョ・マッサリのほか、バルダッサーレ・ロンゲーナ(1598〜1682)が代表的である。16世紀のヴェネツィアを代表する建築家サンソヴィーノの弟子で、パッラーディオの後継者であったヴィンチェンツォ・スカモッツィに学んだロンゲーナは、ヴェネツィアの伝統をたくみにバロック化するのに成功した。1631年から56年にかけて、ヴェネツィアの新しいランドマークとなったサンタ・マリア・デラ・サルーテ聖堂のほか、カ・レッツォーニコやカ・ペーザロ、スクオーラ・グランデ・デイ・カルミニなど、ヴェネツィアのバロックを代表する建築を残した。

バルダッサーレ・ロンゲーナ、カ・レッツォーニコ

ヴェネツィアの バロックを歩く

ジェズアーティ聖堂

1726年から36年にジョルジョ・マッサリが建てたドミニコ会の教会で、マッサリの代表作であるとともに、内部にはティエポロの代表作がある。外観は典型的な18世紀の教会建築であり、パッラーディオの古典主義から影響を受け、四つの巨大なコリント式円柱に、コーニスと楕円形の穴のあいた三角形の破風が載っている。

この聖堂はジュデッカ運河に面し、運河に反射する陽光が両側の窓から差し込むため内部は非常に明るく、天井中央にティエポロが1737年から39年に描いたフレスコ《ロザリオの制定》がある。白亜の大階段の上にロザリオを衆生に渡す聖ドミニクスが仰視法で描かれ、その上の雲間に聖母子が見え、下方には異端が放逐されている。単色に近い清澄な色調で描かれたこのフレスコは堂内の光と調和してみごとなイリュージョンを生み出している。右第一礼拝堂にはティエポロによる優美な祭壇画《聖母と聖カタリナ、聖ローザ、聖アグネス》がある。右第三礼拝堂にはティエポロと並ぶヴェネツィア18世紀の巨匠ピアツェッタによる三人の聖人の祭壇画がある。このほか、セバスティアーノ・リッチやティントレットの作品もある。

サンタ・マリア・デラ・サルーテ聖堂

サン・マルコ大聖堂のはす向かいに建つヴェネツィア・バロック建築の最高傑作。1631年から87年にかけてバルダッサー

ジャンバッティスタ・ティエポロ（1696〜1770）

18世紀のヴェネツィア派（第二次ヴェネツィア派）最大の巨匠にしてイタリアおよびバロック最後の巨匠。グレゴリオ・ラッザリーニのもとで修行し、ピアツェッタの影響下の劇的な画風から出発し、やがてバロック的でかろやかな装飾に力量を発揮する。ヴェネツィアのジェズアーティ聖堂、スクオーラ・グランデ・デイ・カルミニ、ピエタ聖堂などの天井画やパラッツォ・ラビアの壁画をはじめ、ウーディネ、ミラノ、ヴィチェンツァ、ヴェネツィア近郊の数多くのパラッツォやヴィラを装飾し、1750年から3年間滞在したドイツのヴュルツブルクの司教館でその最高の成果を残し、さらにマドリード宮廷に招かれてそこで没した。ヴェネツィアでは、サン・スタエ聖堂の《聖バルトロマイの殉教》、スカルツィ聖堂の天井画《聖テレサの栄光》、ファーヴァ聖堂の《聖母の教育》、サンタルヴィーゼ聖堂の《十字架の道行き》、サンティ・アポストリ聖堂の《聖ルチアの最後の聖体拝領》、サン・ポーロ聖堂の《聖ヨハネス・ネポムクに現れる聖母子》などの傑作がある。

ティエポロ《イフィゲネイアの犠牲》ヴィラ・ヴァルマラーナ

ティエポロ《ロザリオの制定》ジェズアーティ聖堂天井画

ジョルジョ・マッサリ、ジェズアーティ聖堂外観

ピアツェッタ《三人のドメニコ会聖人》ジェズアーティ聖堂

レ・ロンゲーナが建設した。1630年、ヴェネツィアでペストが鎮まったことを記念して元老院が「健康の聖母(サンタ・マリア・デラ・サルーテ)」に捧げる教会を作ることを決定した。八角形のプランに巨大なドームが載り、内陣部にはさらにドームと二つの鐘楼が並ぶという外観は革新的であった。上部には数多くの彫像が並んでおり、ドームを支える16個の渦巻き模様のバットレス(控壁)が際立っている。内部は8本の巨大な柱に支えられるドームのある中央の空間に六つの礼拝堂が並び、ルカ・ジョルダーノの《聖母の誕生》《聖母の神殿奉献》《聖母被昇天》などがある。聖具室にはティツィアーノの《聖マルコと諸聖人》(1512)があり、天井にはティツィアーノが1543年に仰視法で描いた劇的な《カインとアベル》《イサクの犠牲》《ダヴィデとゴリアテ》

第3章 バロックの港

ロンゲーナ、サンタ・マリア・デラ・サルーテ聖堂外観

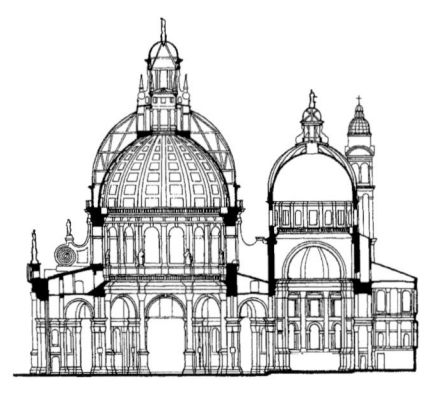

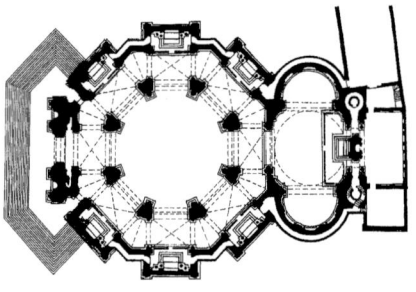

ヴェネツィア

0　　　300m

カ・ペーザロ
Pal. pesaro

パラッツォ・ラビア
Pal. Labia

カ・ドーロ
Ca' D'Oro

サンティ・ジョヴァンニ・エ・パオロ聖堂
Ss. Giovanni e Paolo o San Zanipolo

サンタ・マリア・グロリオーザ・デイ・フラーリ教会
S. MA Gloriosa Dei Frari

リアルト橋
Rialto

スクオーラ・ディ・サン・ロッコ
Scuola Di S. Rocco

サン・マルコ寺院
Basilica

サン・マルコ広場
Pza Marco

サン・ザッカリーア教会
S. Zaccaria

総督宮殿
行政長官官邸
Pal. Ducale
Procuratie

アカデミア美術館
Gallerie Dell'Accademia

スクオーラ・ディ・カルミニ
Scuola dei Carmini

サンタ・マリア・デル・ジーリオ聖堂
S. Maria del Giglio

サン・マリア・ディ・ピエタ聖堂
S. Maria di Pietà

サン・パンタロン聖堂
S. Pantalon

サンタ・マリア・デラ・サルーテ聖堂
S. Maria della Salute

カ・レッツォーニコ
Ca' Rezzonico

ジェズアーティ聖堂
Gesuati

サン・ジョルジョ・マジョーレ教会
S. Giorgio Maggiore

サン・ジョルジョ島
Isola Di S. Giorgio

サンタ・マリア・デラ・サルーテ聖堂ドーム

が設置され、祭壇の右壁にはティントレットの《カナの婚礼》(1551)がある。主祭壇にはヴェネツィアのバロックを代表するフランドル出身の彫刻家ヨッセ・ド・コルトによる《ペストを撃退する天の女王》のダイナミックな群像がある。コルトはロンゲーナと組んで作品を設置することが多かった。

カ・ペーザロ

1650年頃にロンゲーナによって着工され、1710年にガスパリによって完成したヴェネツィア・バロック建築の傑作。1889年にヴェネツィア市に寄贈され、現在は近代美術館と東洋美術館が入っている。力強い切石積みや装飾によって明暗のはっきりしたファサードは力強い印象を与えている。また、ファサード下部には怪獣面、プットー、神々といった彫刻装飾が増殖するように設置され、優雅さを与えている。

カ・レッツォーニコ

1667年にロンゲーナによって着工され、1758年にジョルジョ・マッサリによって完成した。1934年にヴェネツィア市の管轄となり、ヴェネツィア18世紀美術館となっている(→p.131)。内部は18世紀ヴェネツィア貴族の生活をよく示しており、とくに祝宴や舞踏会が催されていた二階の広大な舞踏用ホールはジョヴァンニ・バッティスタ・クロサートによる天井画をはじめ、豪華なインテリアや家具によって華やかな空間を現出している。「ブルストロンの間」の天井には、1758年にルドヴィコ・レッツォーニコとファウスティーナ・サヴォルニャンの婚礼を祝してティエポロが描いた寓意画がある。このほか、ジャンドメニコ・ティエポロ、ピエトロ・ロンギ、グアルディなど「第二次ヴェネツィア派」の巨匠たちの作品を見ることができる。

サンタ・マリア・デル・ジーリオ聖堂

ジュゼッペ・サルディによる豪華なファサードには、ダルマチア総督であったアントニオ・バルバロの四兄弟の像や美徳の擬人像が飾られている。内部では右の礼拝堂にあるルーベンスの《聖母子と洗礼者ヨハネ》をはじめ、ティントレット、パルマ・イル・ジョーヴァネ、セバスティアーノ・リッチらの作品がある。

スクオーラ・グランデ・デイ・カルミニ

ティエポロ初期の油彩による天井画の傑作がある。1677年にロンゲーナによって改築されたというカルメル同信会館。1740年から44年にティエポロが二階の大広間の天井に《聖サイモン・ストックに

ティエポロ《聖サイモン・ストックに現れる聖母》スクオーラ・グランデ・デイ・カルミニ

フミアーニ《聖パンタルスの殉教と栄光》サン・パンタロン聖堂

現れる聖母》を制作した。彼が当初この同信会から受けた注文は、すでに天井に設置されていたパドヴァニーノの《聖母被昇天》の周囲に8点の絵を描いてくれというものだったが、ティエポロはこれを拒否し、パドヴァニーノの絵を撤去させてすべて自らの構想による油彩の天井画で飾った。13世紀のイギリスの司祭に聖母が顕現し、スカプラリオ(肩衣)が差し出されている情景がみごとな仰視法によって描かれている。昇天する聖母の絵のかわりに降下する聖母を選んだ点にティエポロの才知が感じられよう。パドヴァニーノの絵は隣の部屋に設置されており、またそこにはピアツェッタの《ユディトとホロフェルネス》もある。

サン・パンタロン聖堂
　ティエポロ以前のヴェネツィアのバロック天井画の貴重な作例が残る。11世紀の教会が1668年から86年に再建され、バロック的な聖堂となった。内部のヴォールト天井にはジャンアントニオ・フミアーニによる《聖パンタルスの殉教と栄光》(1680〜1710頃)が設置されている。これはロー

パラッツォ・ラビア外観

ティエポロ《クレオパトラの饗宴》パラッツォ・ラビア

マで17世紀末に流行したイリュージョニスティックな天井画の典型だが、フレスコではなく油彩画であり、40枚のパネルからなっている。この聖堂にはほかにもヴェロネーゼの《聖パンタルスの奇蹟》(1587)、ヴィヴィアーニ一族やパオロ・ヴェネツィアーノの祭壇画がある。

パラッツォ・ラビア

　ティエポロのヴェネツィアにおける最高傑作がある。17世紀末から18世紀初頭にかけてカタロニアの商人で17世紀に市に多額の寄付をしたことで貴族となったラビア家によって建てられた。現在はイタリア国営放送(RAI)が入っており、ティエポロの壁画を見るには事前に申し込まなければならない。
　ティエポロは、建築的枠組みを描く画家(クアドラトゥリスタ)、メンゴッツィ・コロ

ティエポロ《アントニウスとクレオパトラの出会い》パラッツォ・ラビア

第3章 バロックの港

ンナとともに1744年から50年にかけて二階の「祝祭の間」の壁面と天井をフレスコで装飾した。向かい合う壁面に描かれた《アントニウスとクレオパトラの出会い》と《クレオパトラの饗宴》はいずれも豪華な柱に囲まれ、階段を上がった舞台のような設定となっている。前者では主人公は舞台からこちらに向かって下りてくるようであり、後者では舞台に上がっていく小人が描かれているため、観者のいる空間を横切って二つの壁面が結びつけられている。後者の上部には楽団のいるバルコニーがあり、天井には《風神》や《プルートとプロセルピナ》が描かれている。部屋の四隅には宴会の準備をする厨房や船から荷を下ろす情景が見える。新興貴族ラビア家は羽振りがよく、しばしば豪華な宴会を催したため、クレオパトラがアントニウスに富を誇示するため真珠をグラスの酢にとかせて見せるこの主題は最適のものであった。装飾を依頼した当主の未亡人マリア・ラビアは美貌と宝石のコレクションで知られていたため、クレオパトラには彼女の容貌が重ねられていると思われる。現実の空間と画中空間とがたくみに接続されたこの部屋は、落日のヴェネツィア貴族の歓楽と嬌声に満ちた祝宴のただ中に迷い込んだようなすばらしいイリュージョンを与えてくれる。

サンタ・マリア・ディ・ピエタ聖堂

　1736年のコンペで優勝したマッサリの建築。内部の天井にはティエポロが1754年に描いたフレスコ《信仰の勝利》がある。これを依頼したピエタ会は画家に満足な謝礼も払えなかったが、ヴュルツブルクでの仕事を終えて裕福となっていたティエポロ

ティエポロ《信仰の勝利》サンタ・マリア・ディ・ピエタ聖堂の天井画

は逆にかなりの額の金を会に融資している。この聖堂は楕円形のプランとヴォールト天井によって音響がよく、コンサートホールとして用いられてきた。この教会は隣の孤児院に属しているが、孤児院は17世紀に音楽学校となり、18世紀初頭にはヴィヴァルディがそこで音楽を教えていた。この聖堂で奏でられる音楽は天井のティエポロの壁画と響き合い、えもいわれぬ効果を与える。

サンティ・ジョヴァンニ・エ・パオロ聖堂

　14世紀に遡るゴシック様式の教会でヴェネツィア派の重要作品を多く収めている。右奥のサン・ドメニコ礼拝堂の天井にはピアツェッタの最高傑作《聖ドミニクスの栄光》(1727、→p.129)がある。仰視法と劇的な光を駆使して、この画家にはめずらしくダイナミックな効果をあげている。右翼廊にあるロレンツォ・ロットの傑作《聖アントニヌスの施し》(1542)はヴェネツィア出身の放浪の画家がヴェネツィアに残し

ヴィラ・ヴァルマラーナ外観

ヴィラ・ヴァルマラーナ　ティエポロの装飾

た数少ない祭壇画。右第二礼拝堂のジョヴァンニ・ベッリーニの《聖ヴィンチェンツォ・フェレーリの多翼祭壇画》のほか、ピエトロとトゥッリオのロンバルド親子による壮麗な墓碑彫刻やバルトロメオ・ヴィヴァリーニ、ヴェロネーゼの絵画などがある。この聖堂の前の広場にはヴェロッキオによる《コッレオーニ騎馬像》(1481〜88)がある。

ヴィチェンツァのヴィラ・ヴァルマラーナ

ティエポロ晩年の重要な装飾がある。1665年から70年に建てられ、1736年にフランチェスコ・ムットーニが改修し、1757年にティエポロ親子が各部屋にフレスコを描いた。玄関の間と隣接する四部屋をジャンバッティスタ・ティエポロが、フォレステリア(離れの間)を息子ジャンドメニコが担当した。四つの部屋の壁画の主題には四つの叙事詩、古代の『イリアス』と『アイネイアス』、近代の『解放されたエルサレム』と『狂乱のオルランド』が割り当てられ、それらは「愛に打ち勝つ責務」という主題で統一されている。それらに加え、玄関の間には《イフィゲネイアの犠牲》(→p.132)がメンゴッツィ・コロンナが描いた列柱の間に展開する。司祭がイフィゲネイアを犠牲に捧げようとする瞬間、ディアナが天から身代わりの牡鹿を送って制止する場面である。鹿の乗った雲は観者のいる空間に浮かんでいるようであり、反対側の壁面には部屋を横切ってこの情景を見守るギリシアの兵士と帆船が描かれ、さらに天井には鹿を送るように指示するディアナや、帆船に向かって風を送る風神が描かれている。このように部屋全体が意味とモチーフの緊密な連鎖によって結びつけられ、観者をこの連鎖のうちに引き込んでいる。

十字軍の騎士と異教徒の魔女との悲恋をあつかって当時人気を博した《リナルドとアルミーダ》では、簡潔な構成のうちに人間的な情感や悲哀を漂わせている。ジャンドメニコによるフォレステリアの壁画は、これらの偉大な雰囲気と対照的に、現実的で親密な風俗画である。休息する農民(→目次p.3)や散策する恋人たち、見世物に夢中になる市民たちを描いた明るい情景が展開している。

ヴィラ・ヴァルマラーナ近郊にパッラーディオの最高傑作といわれるヴィラ・ロトンダがある。四角形のプランに四つのイオニア式のプロナオスをもつこの建築(1550)は、理想的な古典主義の究極の形である。

4 トリノ

　ピエモンテ地方の都市トリノは16世紀以来サヴォイア公国の首都となり、1620年頃からカルロ・エマヌエレ1世によって大規模な都市改造と建設事業が推進されたことにより、イタリア随一のバロック都市となった。そして1666年にトリノに登場したテアティノ会神父グアリーノ・グアリーニ(→p.143)によって新たな活力を与えられ、それを継承したフィリッポ・ユヴァッラ(→p.147)、18世紀にこの二人の様式を統合したベルナルド・ヴィットーネ(1702〜70)によって、衰退しつつあるローマにかわってバロック建築創造の最先端となったのである。

　グアリーニはテアティノ会士であったが、ローマでボロミーニを研究し、さらにイスラム建築やゴシック建築にも範を求めて独創的な建築を創造した。数学者でもあった彼はボロミーニのように幾何学的な構成と造形によって神秘性を表現するのに成功している。パラッツォ・カリニャーノではボロミーニのようにうねるように歪曲する正面に細やかな装飾的細部を施している。ボロミーニの小規模な聖堂を大胆にも堂々たる宮殿建築に拡大したものといってよい。聖骸布を納めたサント・シンドーネ聖堂のクーポラの内部は短い弓形のリブを組み合わせた籠のような構成となっており、天に向かって無限に上昇するような永遠性を感じさせる。サン・ロレ

グアリーニ、サン・ロレンツォ聖堂のドーム

右頁　ユヴァッラ、ストゥピニージ宮殿大広間。王侯貴族の社交の場にふさわしく舞台装置のような華麗な内部

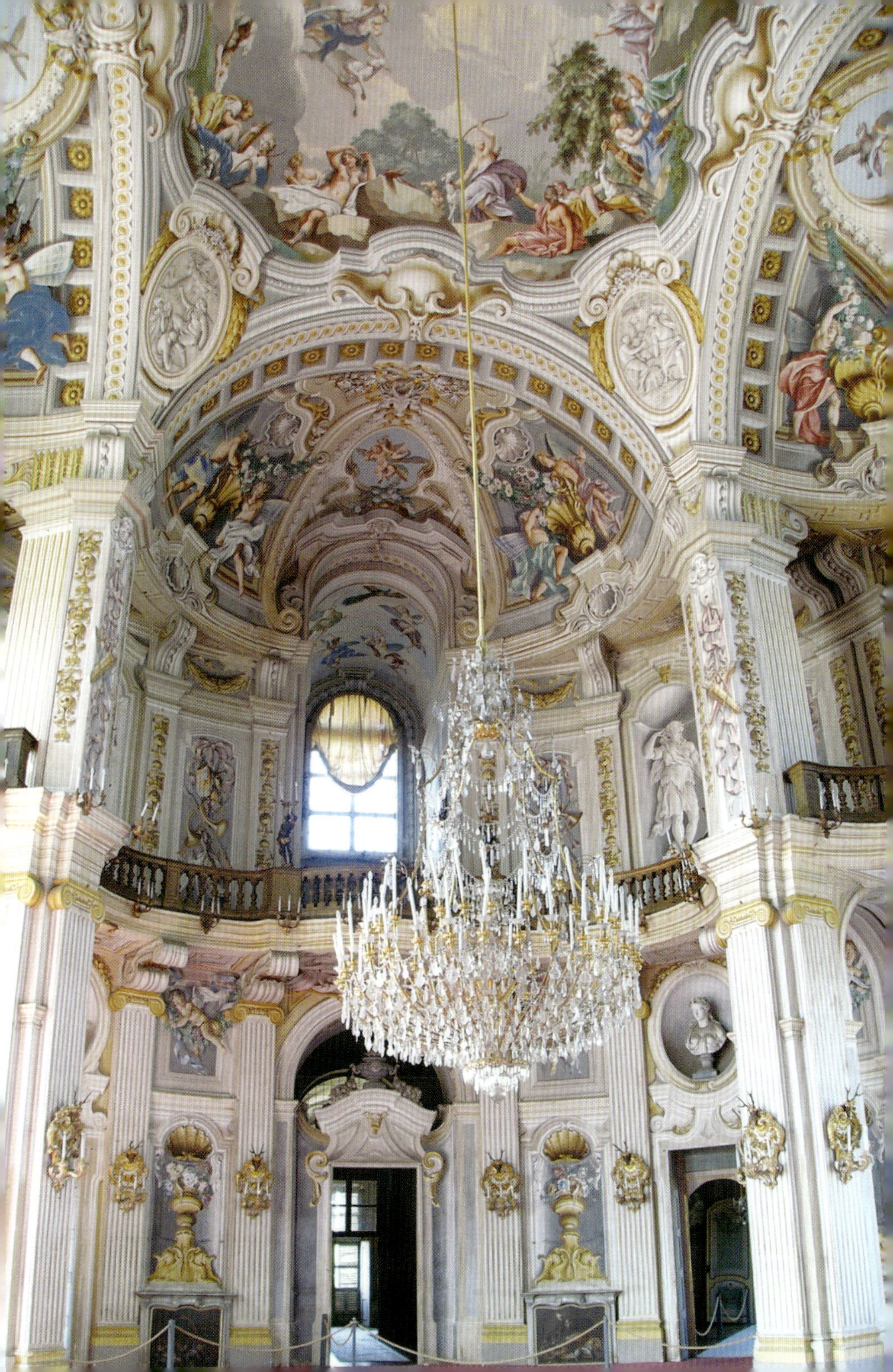

ンツォ聖堂のドームもやはりリブの骨組みのみで構成されており、その間から外光を導入して神秘性を高めている。彼の建築はその著『公共建築論』を通じてヨーロッパ中に広まった。

　トリノにバロックの大胆な造形を導入したグアリーニを継承したユヴァッラは、1714年に宮廷建築家となり、以後トリノの王権を称揚し誇示するために記念碑的な建造物を次々に建設し、トリノをバロック都市に変貌させるべく街路や景観を整備し、また室内装飾や家具のデザイナーとしても才能を発揮した。ヴィットリオ・アメデオの戦勝記念としてトリノを見下ろす高い丘の上に建てられたスペルガ聖堂は、この立地条件が考慮されて堂々としたモニュメンタルな古典性が付与されており、すべてのバロック聖堂の頂点とされるものである。またパラッツォ・マダマはヴェルサイユ宮殿をモデルとした簡素で古典的な威厳を感じさせ、狩猟のための離宮であったストゥピニージでは王侯貴族の社交の場にふさわしく舞台装置のような華麗な内部となっている。ユヴァッラは同時代のティエポロとよく比較されるように、時代の嗜好を反映する優雅でかろやかな作風をもっており、ティエポロと同じくマドリードの宮廷に招かれて制作してそこで没している。

　ヴィットーネもローマで学び、1737年にグアリーニの『公共建築論』を編纂・出版した。グアリーニとユヴァッラのありうべからざる融合をみごとに示した彼の主要作品のほとんどはピエモンテの僻村に点在する小規模な聖堂建築である。中でもヴァッリノットの聖堂のクーポラは、グアリーニとユヴァッラを継承した骨組みだけによる構成でありながら、その内側には天使が描かれ、より繊細優美な装飾性を示している。このほか、ブラ、キエーリなどの聖堂に見られる彼の構造的発明の才はピエモンテ以外に影響をおよぼすことはなかった。

トリノのバロックを歩く

サン・ロレンツォ聖堂

　1668年から87年にかけてグアリーニが建設したこの聖堂はファサードを欠くが、トリノのバロックを代表する建築である。八角形の集中式の内部は非常に明るく、8本のリブが交差し、その真ん中に八角形の開口を作っている。この独特のドーム(→p.140)には10世紀のコルドバのアル・ルキム(965)などに代表されるようなスペインのイスラム建築の影響が指摘されている。内陣にももう一つの小型のドームがあり、これも同じ構造を示している。

サント・シンドーネ聖堂

　グアリーニの代表作(1667〜90)。トリノの誇る有名な聖骸布(シンドーネ)を祀るための聖堂で、それは祭壇の上の銀の壺に保管されている。円形プランの上に通常の四つではなく三つの大アーチを渡し、その内側に内接する円の上にドームを載せている。ドームは、小さくなる数多くの弓形のリブがその間から光を透過しながら上に向

グアリーニ、サン・ロレンツォ聖堂内部

グアリーノ・グアリーニ (1624〜83)

　バロックを代表する天才建築家。モデナで生まれ、テアティノ会修道士となる。数学者・哲学者としても活躍した。メッシーナ、パリ、プラハ、リスボンなどで仕事をしたが、トリノ以外では彼の建築は残っていない。1666年にトリノに召還され、パラッツォ・カリニャーノ、サン・ロレンツォ聖堂、サント・シンドーネ聖堂など、ローマで見たボロミーニの影響を消化して、さらに大胆に展開した独創的なバロック建築を建てた。その影響は、没後に刊行された著書『公共建築論』(1737)をとおして、南ドイツ、オーストリア、スペインのバロック建築に多大な影響を与えた。

グアリーニ、サント・シンドーネ聖堂ドーム

かって収斂(しゅうれん)するように積み重なって構成されており、無限に続くような上昇感を与える。幾何学的でありながらゴシックにも通じるような幻想的で神秘的な空間を生み出している。

スペルガ聖堂

　ヴィットリオ・アメデオ2世のフランスへの戦勝記念としてトリノを見下ろす東の高台に建てられた壮麗な聖堂で、地下にサヴォイア家の墓所がある。1717年から31年にかけてユヴァッラが建設した。円形のプランの上にドームが載るパンテオンのような構成とギリシア十字形のプランを融合させている。ミケランジェロのサン・ピエトロ大聖堂のドームの影響を受けたドームはドラムとともに非常に高く、ボロミーニのサンタニェーゼ・イン・アゴーネ聖堂(→p.86)のように二つの塔とのみごとなバランスを示している。この堂々たる聖堂はトリノの市内から見えるランドマークとなっている。内部には壮麗な彫刻と浮彫があり、ベルナルディーノ・カメッティによる《受胎告知》(1729)のほか、イニャーツィオとフィリッポのコッリーノ兄弟による《カルロ・エマヌエレ3世墓碑》(1788)は、王のメダイヨンを中心に擬人像が大きな身振りを示すバロック的な傑作である。

ユヴァッラ、スペルガ聖堂外観

サンティ・マルティーリ聖堂

　1577年以降にペレグリーノ・ティバルディの設計で建立され、1769年から70年

サンティ・マルティーリ聖堂天井

にベルナルド・ヴィットーネが改築したイエズス会の聖堂。内部は単廊式で、ストゥッコや大理石、青銅によってバロック風に豪華に装飾されている。

サンタ・マリア・ディ・ピアッツァ聖堂

ヴィットーネの設計に基づき、1751年に改修された。方形平面の上にドームを載せ、さらに長軸方向に半ドームを加えている。

パラッツォ・カリニャーノ

サヴォイア家の分家カリニャーノ家の邸館で、1679年から85年にかけて建設されたグアリーニの世俗建築の代表作。1860年のイタリア王国統一の際には最初の議会となり、宮殿内は国立リソルジメント博物館になっている。ボロミーニの影響を示す、中央部が突出してうねるように湾曲したフ

ヴィットーネ、サンタ・マリア・ディ・ピアッツァ聖堂天井

ァサードはすべてレンガでできており、増殖的な星型の模様によって覆われている。

パラッツォ・マダマ

古代ローマ時代の城門の遺跡が前部の塔の部分に組み込まれており、中世に城となり、15世紀にサヴォイア家によって増築された。ヴィットリオ・エマヌエレ1世の未亡人でカルロ・エマヌエレ2世の摂政だったマリー・クリスティーヌの住居であった。1728年から31年にかけてユヴァッラがカステッロ広場に面する部分にバロック

グアリーニ、パラッツォ・カリニャーノ外観

第3章 バロックの港

ユヴァッラ、パラッツォ・マダマ

サン・カルロ広場

的なファサードを付け加えた。1848年から64年までピエモンテ議会、その後はイタリア王国の上院が設けられていた。宮殿内は市立古代美術館になっている。ファサードは古典的ないかめしさをもっているが、玄関ホールや大階段のある内部は繊細で華麗な空間となっている。

サンタ・クリスティーナ聖堂

王宮から駅前広場にまっすぐ伸びるローマ通りにあるカルロ広場の両側には、ローマのポポロ広場のように双子の教会がある。右がサン・カルロ聖堂で左がサンタ・クリスティーナ聖堂である。後者は1715年から18年にかけてユヴァッラによってファサードがつけられ、のちに前者にも似たファサードが付与された。

カルミネ聖堂

ユヴァッラの建築で、半円形の天井がある内部は明るく洗練されている。礼拝堂の上部には桟敷があり、ドイツの聖堂に見られるような構造を示している。

サンティッシマ・トリニタ聖堂

古典主義のファサードはアスカニオ・ヴィットッツィの作で、ユヴァッラによる内部は円形プランで、大理石によって華麗に装飾されている。

ストゥピニージ宮殿

トリノから西南に伸びる大通りを約10km行った突当りにそびえる宮殿。サヴォイア家のヴィットリオ・アメデオ2世の狩猟のための館として、1729年から33年にかけてユヴァッラによって建てられた。屋根の頂上にはラダッテによる彫刻の鹿が立っている。フランス風の厳格な左右対称の構成をもち、馬小屋や臣下の住居などに取り囲まれた館は、田園の中に庭園や農園や森と一体化して構想されている。中央の楕円形の大広間(→p.141)は高い柱と空中を走るギャラリーをもち、劇場のような華やかな空間となっている。さらにボローニャの画家ヴァレリアーノ兄弟によってだまし絵的なフレスコ装飾が施されている。「女王の控えの間」の天井にはヴェネツィアの画家ジョヴァンニ・バッティスタ・クロサートによる《イフィゲネイアの犠牲》があるが、こうした装飾もすべてユヴァッラの綿密な構想と指揮のもとでなされた。

サン・フィリッポ・ネリ聖堂

グアリーニによって1675年に着工され、その後ユヴァッラの設計（1715）にとってかわって1772年に完成した。ユヴァッラのもっとも初期の教会建築。内部はストゥッコや大理石で豪華に装飾されている。

パラッツォ・レアーレ

1865年までサヴォイア家の王宮であった。広大な内部は17世紀から19世紀までの豪華な調度品と装飾にあふれ、とくにユヴァッラがてがけた「ガビネット・チネーゼ」には中国陶磁を用いた華麗な装飾が見られる。玄関の大広間から上がる階段もユヴァッラの作。

サバウダ美術館

科学アカデミー館と呼ばれるレンガ造りの壮大な建物はグアリーニによるコレージョ・ディ・ノービリ（1678）であり、その中にサバウダ美術館とエジプト博物館が入っている。サバウダ美術館は中世から近世のイタリアとフランドルの美術品を集めており、17世紀美術が充実している。オラツィオ・ジェンティレスキの《受胎告知》やアルバーニの四大元素の寓意画、ミラノの三大巨匠（チェラーノ、モラッツォーネ、ジュリオ・チェーザレ・プロカッチーニ）の大作群やレンブラントの《眠る老人》などを見ることができる。

ユヴァッラ、ストゥピニージ宮殿

フィリッポ・ユヴァッラ（1678〜1736）

グアリーニとともにトリノを西洋一のバロック都市に変貌させた巨匠。メッシーナに生まれ、ローマのカルロ・フォンターナのもとで修行。はじめ舞台設計者として名声を得た。1714年、ヴィットリオ・アメデオ2世にトリノに招かれ、首席宮廷建築家に任命され、以後、トリノの教会、宮殿、邸宅、山荘など膨大な建築を設計し、室内装飾や家具のデザイン、都市計画などに腕をふるった。1735年、スペインのフェリペ5世に招かれてマドリードに赴いて新王宮を設計するが、翌年そこで没した。

5 パレルモ

　ギリシア文明以来、フェニキア、ローマ、ビザンチン、アラブ、ノルマン、ドイツ、スペイン、フランスと様々な権力のめまぐるしい交代があり、異文化が交錯することによって豊かな文化をはぐくんできたシチリアは、またバロックの島でもある。1415年から1712年まで島を支配したスペイン総督のもとで、ナポリ同様、絢爛たるバロック文化が隆盛した。シチリアのバロックはローマのバロック様式を基本とし、支配者スペインのバロックとシチリアの伝統を融合させたものである。また、1608年12月にマルタ島から逃亡してシラクーザに着いたお尋ね者の画家カラヴァッジョは翌年までにメッシーナ、パレルモと転々とし、各地で傑作を残し、カラヴァッジョ様式の追随者(カラヴァッジェスキ)を生み出した。

　スペイン総督は16世紀から17世紀初頭にかけてパレルモの大規模な都市改造をおこなった。城壁を強固にし、新港を建設する一方、カッセロ通りを延長してトレド通りとし、要所要所に広場を作って、邸館、教会、泉などが立ち並ぶバロック都市に変貌させたのである。

　建築ではイエズス会がローマのイエズス会様式をもたらし、17世紀後半からより大胆なバロック様式が盛んとなった。パオロとジャコモのアマート兄弟(1634～1714以降、1643～1732)はローマで学んだバロック様式を吸収して、優れた教会建築を数多く残した。1781年から1804年にかけてローマの後期バロック建築の巨匠フェルディナンド・フーガがパレルモ大聖堂を全面的に改築し12世紀のノルマン建築にバロ

マルトラーナ聖堂内部

イル・ジェズ聖堂内部

　ック様式を大胆に融合させた。
　聖堂内部では、アラブ・ノルマン様式の鮮やかなモザイク装飾がそのままバロックに継承されたかのような色彩豊かなバロック装飾を目にすることができる。マルトラーナ聖堂（→p.153）のように両者が違和感なく共存しているものもある。イル・ジェズ聖堂やマルトラーナ聖堂などの内部を覆っているのは、「マルミ・ミスキ」と呼ばれる、多色大理石の象嵌細工による装飾である。壁画だけでなく、大理石やストゥッコによる華麗な装飾こそが、パレルモのバロックの一大特色といってよい。これは内部空間のきらびやかさを追求するノルマン時代のモザイク装飾の伝統がこの地に息づいており、発展したものと見ることができよう。その意味でパレルモの

バロックは、重層的な歴史の厚みと伝統の土壌のうえに開花したものととらえることができるのである。彫刻では15、16世紀のガジーニ一族が各地に優れた作品を残し、その伝統が継承された。17世紀末から18世紀初頭にかけて活躍した彫刻家ジャコモ・セルポッタ(→p.154)は、聖堂内のストゥッコ装飾においてローマ・バロックの勇壮さとは異なる繊細優美な後期バロック様式を展開し、建築や絵画・彫刻の付属的な装飾にすぎなかった白一色のストゥッコ装飾を独自の芸術にまで高め、パレルモに最後にして最大の彩りを与えた。

絵画は16世紀にマニエリスムが流入し、メッシーナのアントニオ・カタラーノ・イル・ヴェッキオ(1560〜1606頃)やパレルモのフィリッポ・パラディーニ(1544頃〜1616頃)が活躍したが、1609年にカラヴァッジョが一時立ち寄ったことによってバロックに変化し、パラディーニも熱心にカラヴァッジョを模倣するようになった。また、1624年にヴァン・ダイクが滞在したことによって地元の画壇が隆盛した。ロザリオ・イン・サン・ドメニコ礼拝堂にはこうしたパレルモの画家たちの成果を目にすることができる。そのうちの一人、パレルモ出身のピエトロ・ノヴェッリ(別名モンレアレーゼ、1603〜47)はヴァン・ダイクの影響を受け、さらにナポリでカラヴァッジェスキに傾倒し、多くの宗教画を残しただけでなく、建築にも手を染めた。ヤン・ファン・ホーブラーケン(1600頃〜65)やマッティア・ストーメル(1600頃〜50以降)といった北方の画家たちもカラヴァッジョの影響を消化して活躍し、またジョヴァンニ・アンドレア・デ・フェッラーリなどシチリアと密接な関係のあったジェノヴァの画家たちの影響も顕著である。18世紀になると、セバスティアーノ・コンカ、ソリメーナ、コッラード・ジャクイントといったローマやナポリの画家の影響を受けて大規模なフレスコ画を描くフィリッポ・ランダッツォ、オリーヴィオ・ソッツィ、ヴィート・ダンナのような画家も現れた。

第二次世界大戦時の破壊もはなはだしく、今もあちこちでその痕跡を目にするが、大規模な修復も進み、イタリアの他の都市と同様、歴史や美術の観光用に整備されつつある。

パレルモの
バロックを歩く

クアトロ・カンティ

1564年から67年にトレド通り(現在のヴィットリオ・エマヌエレ通り)を拡張してまっすぐに整備し、沿道の建築をバロック様式に改修した。17世紀初頭にこの通りに直交するマクエダ通りが建設され、両者の交差点に、1608年から20年にかけてローマの建築家ジュリオ・ラッソによって円形の広場クアトロ・カンティ(四辻)が作られた。これは「太陽の劇場」という別称の示すとおり、パレルモのシンボルともいうべき祝祭的な空間である。四方の建物の角を削って作られたファサードは湾曲した曲面にな

クアトロ・カンティ

第3章 バロックの港

プレトーリアの噴水

イル・ジェズ聖堂外観

っており、三層の下から順に四季を表す擬人像と泉、フェリペ2世、フェリペ3世、フェリペ4世、カルロス5世の四人のスペイン王、最上層は聖ニンファ、聖オリーヴァ、聖アガタ、聖クリスティーナの四人の守護聖人が設置されている。四辻に噴水を配す点はローマのクアトロ・フォンターネに近い。

プレトーリアの噴水

　クアトロ・カンティの南西部のプレトーリア広場の噴水の群像は、フィレンツェの彫刻家フランチェスコ・カミリアーニが1554年から55年にフィレンツェのパラッツォのために制作したもので、1573年にパレルモに売却され、1574年から75年にかけてフランチェスコの息子の彫刻家カミッロ・カミリアーニがミケランジェロ・ナッケリーノの協力を得てこの場所に移築したもの。30体もの大理石の彫像が円形に配されており、フィレンツェの優美なマニエリスム彫刻の典型を示す。かつては市民の水浴びの場であったが1858年にジョヴァンニ・バッティスタ・フィリッポ・バジーレによる鉄柵が施されて入れなくなった。

サンタ・カテリーナ聖堂

　プレトーリア広場に面して建つこのドメニコ会の教会は、1580年から96年に建てられ、後期ルネサンス様式のファサードと18世紀の大きなドームをもち、内部は全面マルミ・ミスキによって豪華に装飾されている。これはジャコモ・アマート、ガエターノ・ラッザーナ、アンドレア・パルマをはじめとする18世紀の建築家、彫刻家やストゥッコ職人たちが腕をふるったものである。身廊の天井画《聖カタリナの栄光》(1744)はフィリッポ・ランダッツォ、ドームのイリュージョニスティックな天井画《ドメニコ会の栄光》(1751)はヴィート・ダンナの代表作である。

イル・ジェズ聖堂

　1564年に創建されたこの聖堂(→p.149)はマルミ・ミスキやストゥッコによって内部が豪華に装飾され、シチリアのバロックの典型を示す。1943年の爆撃で甚大な被害をこうむったが大がかりな修復によって蘇った。天井が失われたため天井画の大半は1950年代に描かれた新しいものである。右第二礼拝堂にピエトロ・ノヴェッリの作品2点がある。ストゥッコのみごとな

サンタ・カテリーナ聖堂内部

彫刻や浮彫はジョアッキーノ・ヴィタリアーノ、イニャーツィオ・マラビッティ、プロコピオ・セルポッタの手によるものである。

マルトラーナ聖堂

　サンタ・マリア・デッランミラリオ聖堂ともいい、ルッジェロ2世の海軍提督(アン

第3章 バロックの港　153

ミラリオ)であったアンティオキアのゲオルギオスが1143年に寄進したもの。その後ベネディクト会の修道院に委譲され、1588年に拡張されて鐘楼と一体化し、1683年から86年にかけて内陣を増築して現在のバロック様式のファサードに改築された。

内部(→p.148)はノルマン時代のみごとなモザイクで覆われ、当初の本堂の正面部分には左右にルッジェロ2世とキリスト、アンティオキアのゲオルギオスと聖母を表したモザイクもある。17世紀に増築された柱廊部分の天井は1717年にグリエルモ・ボッレマンスとオリーヴィオ・ソッツィによってフレスコで装飾され、内陣は天井のフレスコがボッレマンス、祭壇画がヴィンチェンツォ・ダ・パヴィアの《聖母被昇天》(1533)であり、空間全体がマルミ・ミスキで装飾されている。

サン・ロレンツォ礼拝堂

1569年にフランチェスコ会によって建てられた。この聖堂の祭壇にはカラヴァッジョ最後の大作《生誕》(1609)が設置されていたが、1969年マフィアによって盗み出され今なお行方不明である。しかしここでは、ジャコモ・セルポッタが1699年から1710年にかけて制作した華麗なストゥッコ装飾を見ることができる。聖ラウレンティウスと聖フランチェスコの生涯を表した浮彫が、いきいきと乱舞するプットーに囲まれており、セルポッタの代表作となっている。

ジャコモ・セルポッタ(1652~1732)

シチリアにとどまらず18世紀イタリアの最大の彫刻家にして、付属的な扱いをされていたストゥッコ装飾を一流芸術の域に高めた巨匠。代表作のほとんどをパレルモで見ることができ、セルポッタを体験することはパレルモ観光の最大の目的といって過言ではない。

セルポッタはパレルモに生まれ、おそらくローマで修行した。ベルニーニをはじめとするローマのバロック彫刻をよく研究しており、それをストゥッコ装飾に適用した。バロック的でありながら繊細優美な感覚はロココ的とも評される。1682年からパレルモで活躍し、サン・ロレンツォ礼拝堂に始まり、サントルソラ聖堂、サンタ・チータ礼拝堂、ロザリオ・イン・サン・ドメニコ礼拝堂、サンタ・カテリーナ・アッロリヴェッラ聖堂と、内部空間を白一色のストゥッコで華麗に装飾する方法を確立した。晩年の作としてはサン・フランチェスコ・ダッシジ聖堂(1723)とサンタゴスティーノ聖堂(1726~28)がある。パレルモ以外ではアグリジェントのサント・スピリト聖堂の内部装飾がある。

同時代のシチリアの美術家のうちでも際立った存在として長く大きな影響をおよぼし続け、その優美な作風はセルポッタの弟子であったドメニコ・カステッリや義弟のジョアッキーノ・ヴィタリアーノ、18世紀後半のイニャーツィオ・マラビッティに継承された。息子プロコピオもストゥッコ彫刻家となった。セルポッタは、名前の近い蛇(セルペンテ)やトカゲを自作に登場させて署名にしている。

ジャコモ・アマート、ピエタ聖堂外観

サンタ・チータ聖堂内部

サン・フランチェスコ・ダッシジ聖堂

　1255年から77年に建てられたこの教会は何世紀にもわたって改築され、1823年の地震や1943年の爆撃の被害をこうむりながらも修復された。内部の身廊はセルポッタの美しい10体の寓意像(1723)が並び、あちこちにイニャーツィオ・マラビッティによるストゥッコ装飾が見られる。右側廊のいくつかの礼拝堂には16世紀のガジーニ一族の彫刻があり、左第四礼拝堂にはヴィンチェンツォ・ダ・パヴィアの絵画がある。

ピエタ聖堂

　近くのサンタ・テレサ聖堂と同じくジャコモ・アマートの設計によって1678年から84年に建設された。円柱が並ぶ二層のファサードはローマの初期バロック様式を模している。内部は壮麗なフレスコで覆われ、アントニオ・グラーノによる身廊の天井画《ドメニコ会の栄光》のほか、ガスパーレ・セレナリオやグリエルモ・ボッレマンスによるフレスコ、ジャコモとプロコピオのセルポッタ親子によるストゥッコ装飾がある。左第三礼拝堂にはヴィンチェンツォ・ダ・パヴィアの《ピエタ》がある。

サンタ・チータ礼拝堂

　正確にはサンタ・チータ聖堂に隣接するオラトリオ・デル・ロザリオ。セルポッタによるストゥッコ装飾(1685〜88)の最高傑作として名高い。「ロザリオの十五玄義」(聖母の五つの悲しみ、五つの喜び、五つの栄光)を主題とした矩形の高浮彫の周囲に擬人像やプットーが配され、入口の壁にはロザリオ信仰流行の契機となったレパントの海戦が浮彫で表されている(→目次 p.4)。壁面を飾る擬人像の中には同時代のパレルモの女性や少年の姿も見られ、白一色でありながら華麗で優雅な空間を作り出している。祭

セルポッタによる装飾、サンタ・チータ礼拝堂内部

壇にはカルロ・マラッタの《ロザリオの聖母》(1695)がある。

隣接するサンタ・チータ聖堂は、14世紀に創建された教会で、1586〜1603年に改築され、1781年に完成したもの。砲撃で大きな損傷を受けたが、ジョルジョ・ダ・ミラノの《ピエタ》やアントネッロ・ガジーニによる大理石祭壇(1517)など15世紀以降の優れた彫刻やフィリッポ・パラディーニの代表作《福者アニェーゼ・ダ・モンテプルチャーノ》が残っている。右奥のロザリオ礼拝堂は、セルポッタの義弟ジョアッキーノ・ヴィタリアーノによるロザリオ玄義を主題とした彫刻を中心に、マルミ・ミスキによる華麗な装飾で覆われている。

ロザリオ・イン・サン・ドメニコ礼拝堂

1568年に設立されたロザリオの聖母同信会が1574年に建設した祈禱所。壁面はセルポッタのストゥッコ装飾と剛毅などの

セルポッタ《剛毅》ロザリオ・イン・サン・ドメニコ礼拝堂

美徳の擬人像(1714〜17)によって装飾され、その合間には、マッティア・ストーメルやピエトロ・ノヴェッリをはじめ、17世紀のナポリ、ジェノヴァ、フランドルの画家たちによる14点の作品が設置されている。これらの絵画はロザリオの玄義、つまりキリストの受難伝や聖母伝をあつかっ

ロザリオ・イン・サン・ドメニコ礼拝堂内部

たものだが、それにちなむ美徳の擬人像の彫像を隣に配し、上部にはやはり対応する黙示録の諸場面の円形の浮彫が配されている。たとえばノヴェッリの《博士と論争するキリスト》には《知恵》、ストーメルの《キリストの笞打ち》には《剛毅》、作者不詳の《茨の冠》には《忍耐》という具合である。擬人像は当時のパレルモの貴婦人の姿であり、その優雅な身振りや表情が印象的である。天井にはピエトロ・ノヴェッリのフレスコ《聖母の戴冠》があり、祭壇にはヴァン・ダイクの《ロザリオの聖母と諸聖人》がある。この絵は1624年にパレルモにきたヴァン・ダイクに注文されたものだが、ペストの発生とともにジェノヴァに逃れた画家が1625年に描いて送ったものである。

　隣接するサン・ドメニコ聖堂は、14世紀創建の教会を1640年に改築したものであり、パレルモのバロック建築の重要な作例となっている。

サンタ・マリア・イン・ヴァルヴェルデ聖堂

　12世紀に創建されたカルメル会の教会で、1633年にパレルモ最初のバロックの建築家マリアーノ・スメリーリオが改築した。内部(→目次p.4)はパオロ・アマートやアンドレア・パルマによってマルミ・ミスキの装飾が施され、祭壇にはピエトロ・ノヴェッリの《カルメル会の聖母》があり、身廊の天井はアントニオ・グラーノ(1697)、内陣の天井はオリーヴィオ・ソッツィ(1750)によってフレスコで描かれている。

ラ・ガンチャ

　サンタ・マリア・デリ・アンジェリ聖堂ともいう。16世紀初頭にフランチェスコ会によって建てられたゴシック様式の教会。17世紀後半に改築された内部にはガ

サン・ジョルジョ・デイ・ジェノヴェージ聖堂

シチリア州立美術館

ジーニ派の彫刻やヴィンチェンツォ・ダ・パヴィア、ピエトロ・ノヴェッリの絵画があり、内陣の左右の礼拝堂にはセルポッタのストゥッコ装飾が見られる。

サンタ・テレサ聖堂

パレルモを代表するバロック建築家ジャコモ・アマートによって1686年から1706年に建てられた。内部は、ジャコモ・セルポッタの弟ジュゼッペと息子プロコピオがストゥッコ装飾を施している。このほか、イニャーツィオ・マラビッティによる大理石の磔刑像(1781)やグリエルモ・ボッレマンスの祭壇画《聖テレサの法悦》などがある。

サン・ジョルジョ・デイ・ジェノヴェージ聖堂

パレルモのジェノヴァ人のために建築家ジョルジョ・ファッチョが1591年に建てた教会。ルネサンス風の簡素なファサードをもつ。三廊式の内部には、パルマ・イル・ジョーヴァネやフィリッポ・パラディーニの作品をはじめ、ベルナルド・カステッロ《聖ステパノの殉教》、ジョヴァンニ・アンドレア・デ・フェッラーリ《ジェノヴァの聖母》など17世紀のジェノヴァ派の絵画が充実している。

シチリア州立美術館

1495年にマッテオ・カルネリヴァーリによって建てられたパラッツォ・アバテッリスの内部にある。中庭の列柱や窓などにゴシックとルネサンスの双方の要素を見ることができる。美術館には12世紀から18世紀までのシチリアの彫刻と絵画が展示されている。パラッツォ・スクラーファニにあった15世紀半ばの壁画《死の勝利》、フランチェスコ・ラウラーナの《アラゴン家のエレオノーラの肖像》、アントネッロ・ダ・メッシーナの有名な《受胎告知の聖母》の三大名作のほか、ドメニコとアントネッロのガジーニ親子の彫刻群、絵画は15世紀のトンマーゾ・デ・ヴィジーリアやアントネッロ、16世紀のヴィンチェンツォ・ダ・パヴィア、ポリドーロ・ダ・カラヴァッジョ、ヤン・ホッサールトの《マルヴァーニャ祭壇画》、17世紀のマッティア・プレティとピエトロ・ノヴェッリ、18世紀のコッラード・ジャクイントらの作品がある。

その他のバロックを歩く

レッチェ

　古代ローマに起源をもつプーリア州のこの町は17世紀から18世紀にかけてバロック建築が次々に建てられ「バロックのフィレンツェ」と呼ばれる。小さな町の狭い街路のあちこちにバロックの華麗な建築が姿を現す。中でも1646年にジュゼッペ・ジンバロとチェーザレ・ペンナが完成させたサンタ・クローチェ聖堂はレッチェのバロックを代表するモニュメントである。薔薇窓のある二層構造のファサードには全体にわたってグリフォンや天使像でびっしりと装飾されている。こうした過剰な装飾はローマのバロック建築には見られないものであり、スペインや南米の建築に通じるものである。下部の三つの扉口と内部にあるパオラの聖フランチェスコの祭壇の浮彫はフランチェスコ・アントニオ・ジンバロの手による。

　1659〜70年に建てられたドゥオーモもジュゼッペ・ジンバロの作であり、やはり豊かな装飾に彩られている。左手には五層の鐘楼(1661〜82)があり、右手にはジュゼッペ・チーノによるセミナリオ(1694〜1709)がある。ジュゼッペ・ジンバロはジュゼッペ・チーノとともに政庁舎も建設し、1691年にロザリオ聖堂を建設しているが、いずれも豪華絢爛たる装飾を施し、レッチェをバロック都市に塗り替えた。

　サン・マッテオ聖堂(1667〜1700)はアキーレ・カルドゥッチの手になり、サン・カルロ・アレ・クアトロ・フォンターネ聖堂をはじめとするボロミーニの影響を濃厚に示している。下層が曲面に張り出し、上層が凹むダイナミックなファサードをも

サンタ・クローチェ聖堂、レッチェ

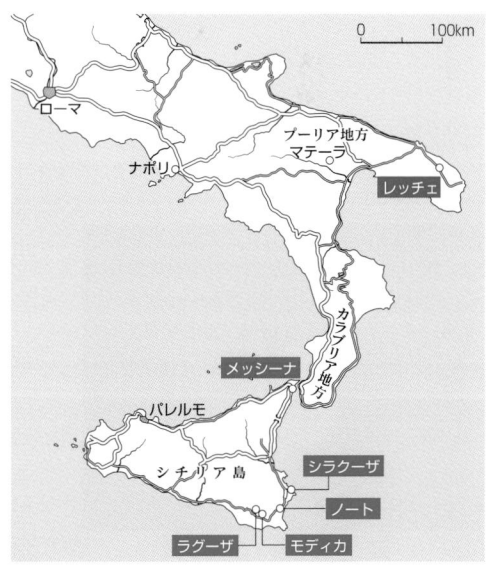

第3章 バロックの港

ち、内部も楕円形のプランとなっている。それに加え、レッチェの他のバロック建築と同様、ファサードのあちこちに草花などの装飾が施され、華麗な外観を作り出している。

シラクーザ

　ギリシア文明の中心地のひとつでもあったシラクーザには古代の円形劇場や石切り場、パピルスの自生するアレトゥーザの泉のほか、初期キリスト教時代のカタコンベが残されているが、オルティージャ島の旧市街の中心にあるドゥオーモ広場はバロック建築で囲まれている。ドゥオーモは前5世紀のアテナ神殿を7世紀に改築して教会にしたもので、ノルマン時代と16世紀に改修され、1728年から54年にかけてアンドレア・パルマによってバロック的な聖堂に再建された。ファサードでは二層の柱が壁面から独立して深い奥行きを作り、イニャーツィオ・マラビッティによる聖ペテロと聖パウロの彫像が配されている。内部の身廊にはドーリス式のアテナ神殿の堂々とした列柱を見ることができる。右のサンタ・ルチア礼拝堂にはピエトロ・リッツォによ

カラヴァッジョ《聖ルチアの埋葬》パラッツォ・ベローモ

る銀製の聖女ルチア像(1599)がある。像の下にはニビリオとジュゼッペ・ガジーニによるとされる小箱(1610頃)があり、1608年にカラヴァッジョが描いた聖女の埋葬の情景が浮彫となっている。右奥のクロチフィッソ礼拝堂には、アントネッロ・ダ・メッシーナの《聖ゾジモ》(1450～55)がある。
　ここからほど近いコレージョ・デイ・ジェズイーティ聖堂は1635年から87年に建てられたバロック聖堂で、内部の左翼廊にイニャーツィオ・マラビッティの聖イグナティウス像(1756)がある。
　ここからほど近いパラッツォ・ベローモは州立美術館となっており、カラヴァッジョの前述の作品《聖ルチアの埋葬》をはじめ、この地の出身でローマでカラヴァッジョとともに生活し、マルタから逃れてきたカラヴァッジョを匿って仕事を斡旋した画家マリオ・ミンニーティの作品がある。こ

ドゥオーモ内部、シラクーザ

サン・マルチャーノのクリプタ

の美術館にはシチリア出身の巨匠アントネッロ・ダ・メッシーナの《受胎告知》(1474)もある。カラヴァッジョの作品はもともと町のはずれにあるサンタ・ルチア・アル・セポルクロ聖堂に設置されていた。この教会は304年頃殉教したシラクーザの守護聖人ルチアが殉教した地に建てられたとされ、聖女の遺体を安置していた。正面の広場の地下にはサンタ・ルチアのカタコンベが広がっている。カラヴァッジョ作品には左上方に二重アーチが見えるが、これはサン・ジョヴァンニのカタコンベに隣接するサン・マルチャーノのクリプタに見られるものである。

　カラヴァッジョはシラクーザ滞在中、考古学者ミラベッラの案内で石切り場(ラトミア)を訪れている。現在は考古学公園の中に保存されている「天国の石切り場」である。ここは前5世紀のシラクーザの僭主ディオニュシオス1世がアテネ兵の捕虜を収容して石灰岩の切出しの労働をさせた天然の牢獄だが、そこにある洞窟の穴がロバの耳のような形をしており、またディオニュシオスが上から捕虜の話し声を盗み聞いていたことから、カラヴァッジョが「ディオニュシオスの耳」と名づけたとされている。

ディオニュシオスの耳

メッシーナ

　イタリア本土からの玄関にあたるこの町は、航路の要衝であったため西欧中の船舶が寄港する国際的な港湾都市であったが、1783年と1908年の二度の大地震によって甚大な被害を受け、さらに第二次世界大戦中(1943年)の空爆もあったため、ドゥオーモやいくつかの教会を除いて歴史的建造物の多くは失われ、近代的な町並みを見せている。バロックの天才建築家グアリーノ・グアリーニは1660年にサンティッシマ・アヌンツィアータ聖堂(消失)などを建てて最先端のバロック建築を紹介した。1678年にこの町で生まれた建築家フィリッポ・ユヴァッラは1703年にローマに移るまでこの地で建築家の修行を積み、やがてサヴォイア家に招かれ、グアリーニを継いでトリノを優美なバロック都市に変貌させた。

　ドゥオーモ広場にあるモニュメンタルな《オリオンの噴水》は1547年から51年にかけてフィレンツェ出身の彫刻家ジョヴァンニ・アンジェロ・モントルソーリによっ

て作られたもので、早くからシチリア以外にも名高い彫刻であった。ウニタ・ディタリア広場にある《ネプトゥヌスの噴水》(1557)もモントルソーリの作である。

　メッシーナ州立美術館はシチリアの美術を語るうえで欠かせないものであり、アントネッロ・ダ・メッシーナの《サン・グレゴーリオの多翼祭壇画》をはじめ、カラヴァッジョの2点の傑作がある。シラクーザでマルタからの追手の危険を感じたカラヴァッジョは1608年の暮れにメッシーナに移り、そこでクロチーフェリ会修道院のために《ラザロの復活》、カプチーノ会聖堂のために《羊飼いの礼拝》を制作した。いずれも画家の晩年の様式をよく示しており、茫漠とした広く暗い空間に圧迫されるように人物が並んでいる。メッシーナでカラヴァッジョにふれて強い影響を受けた画家アロンソ・ロドリゲスはシチリアにおける最初の優れたカラヴァッジェスキとなり、その作品のいくつかはカラヴァッジョの作品と混同されたほどである。美術館にあるいくつかの作品のほか、メッシーナ市庁舎にはカラヴァッジョの晩年様式をよく反映したモニュメンタルな大作《最後の晩餐》がある。

カラヴァッジョ《ラザロの復活》メッシーナ州立美術館

カラヴァッジョ《羊飼いの礼拝》メッシーナ州立美術館

ラグーザ

　1693年1月11日に起こった大地震で数万の死者を出し、大損害をこうむったカターニャ、シラクーザ、ノート、モディカ、ラグーザといった東部の町ではその後都市が復興、あるいは新たに都市が建設され、独創的な建築家ロザリオ・ガリアルディやアンドレア・パルマ、ヴィンチェンツォ・

ラグーザ・イブラからラグーザ・スペリオーレを望む

シナトラらによる聖堂・宮殿が次々に建てられて壮麗なバロック都市として蘇った。

ラグーザはイブレイ山地の二つの険しい渓谷の間に広がる都市で、シチリアの先住民族シクリ人が築いた古都だが、1693年の地震によって壊滅的な損害をこうむった。シラクーザ出身の建築家ロザリオ・ガリアルディが中心となって町を再建し、ラグーザ・イブラと呼ばれる旧市街にみごとなバロック建築を建設した。18世紀には西の平坦な地に、碁盤目状の街路をもつ新市街(ラグーザ・スペリオーレ)が建設された。ラグーザ・イブラの中心に建つサン・ジョルジョ聖堂(1744〜75)はガリアルディの代表作で、中央上部に鐘がある三層構造となって上昇感が強調されている。この近くにあるサン・ジュゼッペ聖堂は躍動感に満ちたバロックのファサードをもち、楕円形のプランの内部をもっている。

ガリアルディの手になる建築はほかにパラッツォ・バッターリアがある。町の東端、イブレオ庭園の奥にあるカプッチーニ・ヴェッキ聖堂にはパレルモ出身のカラヴァッジェスキ、ピエトロ・ノヴェッリによる主祭壇画《生誕》と《牢獄の聖アガタ》がある。

ラグーザ・スペリオーレにあるサン・ジョヴァンニ・バッティスタ大聖堂は1706〜60年に建設され、内部はストゥッコで装飾されている。またパラッツォ・コセンティーニにはバルコニーを支える持送りに怪物や人物の彫像が配され、パラッツォ・

ガリアルディ、サン・ジュゼッペ聖堂、ラグーザ

ベルティーニの窓枠には王、貴族、貧民を表す怪人面が施され、バロックの奇想に満ちた奇怪な彫刻があちこちに見られる。

モディカ

イブレイ山地の南斜面に位置するこの街は、シクリ人以来の歴史をもつが、1693年の大地震後にバロック様式の建築の建ち並ぶ街に変貌した。サン・ジョルジョ聖堂(1738年再建、→扉写真)は、ロザリオ・ガリアルディの最高傑作であり、舞台装置のような大階段の上に位置し、三層構造の塔のようなモニュメンタルなファサードをもっている。広大な内部は簡素であり、主祭壇はベルナルディーノ・ニジェルによるとされる10枚の板絵衝立(ついたて)(1573)がある。右第二礼拝堂にはフィリッポ・パラディーニの《聖母被昇天》(1610)がある。サン・ピエトロ聖堂は1693年に再建され、教会の手前の階段には十二使徒の彫像が並んでいる。

ノート

1693年の地震によって瓦解した都市を見限って、十数キロ南東の地に新たな計画都市を1世紀かけて築いたのがノートである。ロザリオ・ガリアルディとヴィンチェンツォ・シナトラによる壮麗なバロック建築が街を彩っている。土地が南に向かうゆるやかな斜面となっているため、町の中央を一直線に走るヴィットリオ・エマヌエレ通りに面したバロック様式の建物の多くは前面に階段を備えている。1838年に建てられたレアーレ門からヴィットリオ・エマヌエレ通りに入ると、まずサン・フランチ

ヴィンチェンツォ・シナトラ、パラッツォ・ドゥチェンツィオ、ノート

ェスコ・デッリンマコラータ聖堂が高い階段の上に見える。これは1704年から45年にノートのバロックを代表する建築家ヴィンチェンツォ・シナトラが設計したもの。その左にはサルヴァトーレ修道院(1706)が隣接している。さらに進むと見えてくるドゥオーモ(サン・ニコロ聖堂)は、1776年頃完成し、三段の踊り場をもつ大階段の上に幅広いファサードを見せている。正面にはやはりシナトラによる、円柱列の回廊に三方を囲まれたパラッツォ・ドゥチェンツィオ(1746)が建っている。

その東にはロザリオ・ガリアルディによ

ヴィンチェンツォ・シナトラ、モンテヴェルジニ聖堂、ノート

るサンタ・キアーラ聖堂(1719〜58)があり、楕円形のプランをもつ。西にあるサン・ドメニコ聖堂(1703〜27)もガリアルディの傑作であり、五つのドームをもつ集中式のプランをもっている。

　ヴィットリオ・エマヌエレ通りからニコラーチ通りを上がったところにはヴィンチェンツォ・シナトラによるモンテヴェルジニ聖堂(1762)があり、その凹面のファサードは舞台のような効果を演出している。ニコラーチ通りに面したパラッツォ・ニコラーチのバルコニーの持送りには、奇妙な動物や女神の彫刻装飾が施されていて興味深い。

サン・フランチェスコ・デッリンマコラータ聖堂(右)とサルヴァトーレ修道院(左)、ノート

ガリアルディ、サンタ・キアラ聖堂、ノート

ガリアルディ、サン・ドメニコ聖堂、ノート

ニコラーチ通り

パラッツォ・ニコラーチ(上)とバルコニーの持送り(下)、ノート

第3章 バロックの港 | 165

あとがき

　本書の企画の話をいただいてからすでに何年もの歳月がたってしまった。とはいえ、いたずらに過ごしていたわけではなく、本書のために、仕事の合間をぬっては何度もイタリアに行き、写真を撮りためてきた。文章はまたたくまに書き上げたのだが、写真をそろえるだけで何年も費やしてしまったのである。せっかく苦労して撮ってきたのに失敗したものや誤って消してしまった写真も数多く、仕方なく他所の写真を借りてきて補った箇所や、解説はありながら写真がない事項もある。出不精で怠け者の私にとっては、じつに難儀な仕事ではあったが、すばらしい作品に対面して疲れが吹き飛ぶこともあった。バロックの生命感や躍動感は人を奮い立たせる。何度見てもそのたびに新たな感激を与えてくれるものばかりである。本書に通底しているのはこうした感動にほかならない。取り上げたモニュメントや作品はすべて私自身が見て体験したものであり、いずれも自信をもって推奨できるものである。

　ナポリやパレルモでは、かつて何度訪れても閉まっていた教会のいくつかが美術館のように整備されて見やすくなっていた(そのかわり撮影禁止になってしまったところもあったが)。先日、訪問6度目にしてはじめて入ることのできた教会もある。イタリアにはよくあることだが、修復のために何年間も閉鎖したり、今までずっと非公開であったところが突如公開したり、などという事情があるため、本書に載っている教会や宮殿もすべてが開いていてすんなり入れるとは限らないということをお断りしておく。イタリアというところは、すべて偶然と運に左右される混沌とした迷宮のような世界であるからこそ、何度でも行く価値と楽しみがあると思うほかないのだ。

　総合芸術であるバロックは、建築・彫刻・絵画すべてが重要だが、私の専門上、やや絵画に重点がおかれている。また、情報量を多くすることに努め、網羅的なものをめざしたにもかかわらず、私自身の嗜好が思いのほか反映してしまったかもしれない。そのせいか、宗教美術や教会が多くなったが、イタリアのバロックは本来キリスト教信仰が生み出したものであり、その背後には必ず熱い信仰心があるというのが私の考えである。美術でも建築でも、信仰と芸術とが一体となっているからこそ、人の心を動かすのである。優れた作品と空間の前では、神の臨在を感じることができ、つい手を合わせたくなったり、思わず目頭が熱くなったりするのだ。それらを見て回ることは、美術鑑賞などではなく、まさに巡礼である。

　イタリア・バロックのとてつもない豊穣さと深遠さを前にして、まだまだ書き足りないことばかりではあるが、本書によってイタリア・バロックの魅力と豊かさを伝えることができ、またイタリア旅行の際に少しでも役立つことができれば幸いである。

　最後に、本書の完成を導いてくださった山川出版社編集部、きれいな写真を提供してくださった溝岡賢・恭子御夫妻、そして私の講義や講座に出席し、何度かの旅行にも同行してくれた学生や受講生の方々に感謝したい。

2006年　夏の終わりに　宮下規久朗

■主要参考文献

V.-L.タピエ(高階秀爾、坂本満訳)『バロック芸術』白水社　1962
若桑みどり『バロック』(世界彫刻美術全集10) 小学館　1975
石鍋真澄『ベルニーニ　バロック美術の巨星』吉川弘文館　1985
湯澤正信『劇的な空間　栄光のイタリア・バロック』(建築巡礼⑦) 丸善　1989
高橋達史編『バロックの魅力』(グレート・アーティスト別冊) 同朋舎　1991
長尾重武訳『建築ガイド①ローマ』丸善　1991
陣内秀信・陣内美子訳『建築ガイド④ヴェネツィア』丸善　1992
G.C.アルガン(長谷川正允訳)『ボッロミーニ』(SD選書) 鹿島出版会　1992
長尾重武『ローマ　バロックの劇場都市』(建築巡礼㉖) 丸善　1993
高橋達史、森田義之編『バロックの闇と光』(名画への旅11) 講談社　1993
若桑みどり、神吉敬三編『バロック1』(世界美術大全集16) 小学館　1994
木村三郎『美術史と美術理論　西洋17世紀絵画の見方（改訂版）』放送大学教育振興会　1996
宮下規久朗『ティエポロ』トレヴィル　1996
陣内秀信『歩いてみつけたイタリア都市のバロック感覚』小学館　2000
高階秀爾『バロックの光と闇』小学館　2001
C.ノルベルグ＝シュルツ(加藤邦夫訳)『バロック建築』(図説世界建築史11) 本の友社　2001
C.ノルベルグ＝シュルツ(加藤邦夫訳)『後期バロック・ロココ建築』(図説世界建築史12) 本の友社　2003
磯崎新『サン・カルロ・アッレ・クァトロ・フォンターネ聖堂　17世紀』(磯崎新の建築談義) 六耀社　2003
宮下規久朗『バロック美術の成立』山川出版社　2003
宮下規久朗『カラヴァッジョ――聖性とヴィジョン』名古屋大学出版会　2004

H. Voss, *Baroque Painting in Rome*, 2vols., San Francisco, 1997 (1st ed. Berlin, 1925).
R. Wittkower, *Art and Architecture in Italy 1600-1750*, Harmondsworth, 1958 (3vols., revised. by J. Connors and J. Montagu, New Haven and London, 1999).
E. Waterhouse, *Italian Baroque Painting*, London, 1962.
F. Haskell, *Patrons and Painters: A Study in the Relations between Italian Art and Society in the Age of the Baroque*, New Haven and London, 1963 (rev. ed.1980).
P. Portoghesi, *Roma Barocca, Storia di una civiltà architettonica*, Roma-Bari, 1964 (rev. ed.1982).
G. C. Argan, *L'europa delle capitali*, Geneve, 1964 (L'arte barocca, 1989).
J. Pope-Hennessy, *Italian High Renaissance and Baroque Sculpture*, London, 1970.
J. R. Martin, *Baroque*, New York, 1977.
T. Magnuson, *Rome in the Age of Bernini*, 2vols., Stockholm, 1982.
Cat expo., *Escales du baroque*, Paris, 1988.
Touring Club Italiano, *Guida d'Italia, (Torino e Valle d'Aosta; Venezia; Liguria; Roma ; Napoli e dintorni; Sicilia)*, Milano, 1919-96.
V. Pacelli, *La pittura napoletana da Caravaggio a Luca Giordano*, Napoli, 1996.
B. Zevi, *Storia e controstoria dell'architettura in Italia*, Roma, 1997.
M. Calvesi (a cura di), *Arte a Roma: pittura, scultura, architettura, nella storia dei giubilei*, Torino, 1999.
D. Ganz, *Barocke Bilderbauten: Erzählung, Illusion und Institution in römischen Kirchen 1580-1700*, Hamburg, 2003.

■用語解説

アーキトレーヴ 列柱の上に水平に渡される部分。

アナモルフォーズ 湾曲した像や極端な方向からの視点による画像の歪曲効果。遠近法の原理を応用しており、視点を変えたり、円筒形の鏡などの器具を用いることで正常な像を得られる。

アプス（アプシス） 聖堂の最奥部に、半円形に突出する部分。祭壇を安置する聖域で、聖母子、キリストなどの壁画装飾がなされた。

イエズス会 1534年に聖イグナティウス・デ・ロヨラがフランシスコ・ザビエルほか数人の同志と結成した男子修道会で、1540年に公認された。会員はロヨラの『霊操』に従って養成された。当初から宣教活動と青少年の教育事業に尽力し、カトリック改革運動の中心となった。

イリュージョン 本来は実在しない形象をあたかも実在するかのように錯覚すること、およびその形象。これを積極的に応用することをイリュージョニズムという。

ヴィラ 都市にあるパラッツォに対して、郊外や田園に建てられた邸宅や別荘のこと。

ヴェドゥータ 18世紀イタリアで流行した風景画の一種で、建物を中心とする都市の実景。都市景観画。

ヴォールト アーチに奥行きをもたせて半円筒形の天井にしたもの。断面が半円のものを半円筒形穹窿またはトンネル・ヴォールトともいう。

聖年 ジュビレオともいう。ローマ・カトリック教会における祝典で、1300年にボニファティウス8世が制定。当初は50年に一度、のちに25年に一度となり、この年にローマに巡礼してしかるべき聖堂でミサを受ければ罪の償いが免除（贖宥）されるとされた。

オラトリオ会 聖フィリッポ・ネーリが創立した祈りの会で、1575年に公認された。日常生活の中で実践できる穏やかな道徳を奨励し、ローマの聖職者に広い指示を得た。

カラヴァッジェスキ 明暗を強調し、写実的なカラヴァッジョの画風の影響を受けた画家たち、あるいはその画風のこと。17世紀前半、イタリア、スペイン、オランダ、フランスで流行した。

仰視法（ソッティンス） sotto in su, つまり下から上へ見上げた仰視法。遠近法や短縮法によって観者の頭上に位置しているようなイリュージョンを生み、バロックの天井画で多用された。

クアドラトゥーラ 天井やドーム（クーポラ）に描かれたイリュージョニスティックな天井画およびその技法。遠近法の効果を高めるために建築的枠組みが描かれることが多く、それを専門に描く画家（クアドラトゥリスタ）と共同作業をすることも一般的であった。イエズス会士の画家アンドレア・ポッツ

ォが理論的に完成。

クアドリ・リポルターティ　クアドラトゥーラに対して、壁面にある絵をそのまま天井に移したように、天井画でありながら頭上にあるようなイリュージョンを伴わない天井画のこと。

交差部　聖堂内で翼廊と身廊が交差する部分。そこにドームが載せられることが多い。

コーニス　軒蛇腹ともいう。建築の最上部、あるいは壁面上部に突出する水平の帯状部材。

コロネード　規則的な間隔で円柱が並べられた列柱廊。

身廊　聖堂の主体をなし、入口からアプスにいたる、中央の大空間。列柱（コロネード）によって側廊と隔てられる。

集中式　円形、十字形、多角形など一点を中心とするプランをもつ聖堂の形態。

ストゥッコ　建築の天井、壁面、柱などを覆う化粧漆喰。浮彫や彩色によって装飾された。

聖チェチリア（カエキリア）　2〜3世紀のローマの聖女。キリスト教徒として育てられ、ローマの貴族と婚約したが、純潔を守った。弟とともに受洗した夫とともに、拷問のすえに殉教した。音楽の守護聖人。

聖ルチア（ルキア）　シラクーザの聖女で、ディオクレティアヌス帝のキリスト教迫害のもと、304年に短剣で首を切られて殉教した。その名から光を表すランプや目を持物とする。

側廊　教会堂建築において身廊の両脇に設けられる狭い歩廊。両脇に一つずつ側廊をもつ聖堂を「三廊式バシリカ」、二つずつもつ聖堂を「五廊式バシリカ」という。

ドーム　円蓋、クーポラともいう。半球状の円屋根。ドームの頂上には頂塔（ランタン）がつき、ドームを支える円筒形の壁体をドラム（鼓胴部）と呼ぶ。

長堂式　バシリカ式ともいう。集中式のプランに対して、長方形のプランをもつ聖堂の形態。

バットレス　扶壁、控え壁ともいう。建築物の壁体を支え、補強するために設置される支持壁体。

パッラーディオ様式　16世紀イタリアの建築家パッラーディオを規範とする端正な古典主義様式。

破風　ペディメントともいう。傾斜する屋根の線によって作られる三角形状の部分。

パラッツォ　イタリアの都市にある住宅建築で規模の大きなもの。邸館。

ファサード　建築物の主要な前面。正面。

プットー　古代ローマ、ルネサンス、バロック美術にあらわれる有翼の童子で、特定の文脈をもたないが、小天使や愛情の擬人像としての役割を果たすこともある。

プラン　柱や壁の配置を示す建築図面。平面図のこと。建築物の概要を示す。

ペンデンティヴ　三角窮隅ともいう。正方形のプランの上にドームを載せる場合、それを支えるために四隅の上方に築く曲面三角形の部分。

ポルティコ　柱廊玄関。建築物の正面に設けられる吹抜けの列柱廊。ポーチ。

マニエリスム　盛期ルネサンスに完成された古典主義的な様式を継承し、優美さや技巧的洗練を重視して、16世紀のヨーロッパの国際様式となった芸術様式。一般に創造性に乏しいとされるが、時代の危機感を反映しているとも宮廷的洗練の極致ともいわれる。

マルミ・ミスキ　色大理石の象嵌(ぞうがん)による装飾技法。バロックのシチリアで流行した。

無原罪の御宿り　聖母マリアが原罪に関わらずに母アンナの胎に宿ったというカトリックの教義。中世から神学上の論争の対象となっていたが、カトリック改革期以降、黙示録に基づき、三日月を踏んで中空に浮かぶ少女の図像に定まり、頻繁に造形化された。

リブ　建築物の構造を強化するために壁面に取りつける肋骨状の細い支持部材。

ルネッタ　半円形の壁面や開口部のこと。フランス語でリュネットということもある。

礼拝堂　聖堂内で特定の聖人に捧げられた祭壇を含む区画。祭室。側廊に並んでいる場合、入口から入って右側の手前から奥に順に、右第一礼拝堂、右第二礼拝堂……といい、左側はやはり手前から奥に左第一礼拝堂、左第二礼拝堂……という。

ロッジア　屋外に開いた吹抜けの廊下。

翼廊　袖廊、トランセプトともいう。十字形プランの教会堂建築で、身廊に直角に交差して左右に突出する部分。

■索引

〈建築物〉

●ア行
イル・ジェズ聖堂(パレルモ)	152
イル・ジェズ聖堂(ローマ)	26
ヴァチカン絵画館	46
ヴィラ・ヴァルマラーナ(ヴィチェンツァ)	139
オラトリオ・デイ・フィリッピーニ	85
オラトリオ・デル・クロチフィッソ	23
オラトリオ・デル・ゴンファローネ	22

●カ行
カジノ・ボンコンパーニ・ルドヴィシ	66
カピトリーノ美術館	41
カプッチーニ・ヴェッキ聖堂	163
カ・ペーザロ	135
カポディモンテ美術館	115
亀の噴水	79
カルミネ聖堂	146
カ・レッツォーニコ	135
キエーザ・ヌオーヴァ(サンタ・マリア・イン・ヴァリチェッラ聖堂)	98
クアトロ・カンティ	151
クイリナーレ宮殿	55
コルシーニ美術館	45
コレージョ・デイ・ジェズイーティ聖堂	160
コレージョ・ディ・プロパガンダ・フィーデ	85
コロンナ美術館	52

●サ行
サバウダ美術館	147
サルヴァトーレ修道院	164
サン・イシードロ聖堂	78
サン・ヴィターレ聖堂	24
サン・カルロ・アイ・カティナーリ聖堂	65
サン・カルロ・アレ・クアトロ・フォンターネ聖堂	83
サン・グレゴリオ・アル・マーニョ聖堂	55
サン・ジュゼッペ聖堂(ラグーザ)	163
サン・ジョヴァンニ・イン・ラテラノ大聖堂	84
サン・ジョヴァンニ・デイ・フィオレンティーニ聖堂	87
サン・ジョヴァンニ・バッティスタ大聖堂	163
サン・ジョルジョ聖堂(モディカ)	164
サン・ジョルジョ聖堂(ラグーザ)	164
サン・ジョルジョ・デイ・ジェノヴェージ聖堂	158
サンセヴェーロ・デ・サングロ礼拝堂	111
サンタ・カテリーナ聖堂(パレルモ)	152
サンタ・カテリーナ・デイ・フナーリ聖堂	52
サンタ・キアーラ聖堂(ナポリ)	110
サンタ・キアーラ聖堂(ノート)	165
サンタ・クリスティーナ聖堂(トリノ)	146
サンタ・クローチェ聖堂	159
サンタゴスティーノ聖堂	37
サンタ・スザンナ聖堂	29
サンタ・チェチリア・イン・トラステヴェレ聖堂	52
サンタ・チータ礼拝堂	155
サンタ・テレサ聖堂(パレルモ)	158
サンタ・テレサ・デリ・スカルツィ聖堂	114
サンタニェーゼ・イン・アゴーネ聖堂	86
サンタ・ビビアーナ聖堂	71
サンタ・プラッセーデ聖堂	26
サンタ・マリア・アッスンタ・イン・カリニャーノ聖堂	122
サンタ・マリア・イン・ヴァルヴェルデ聖堂	157
サンタ・マリア・イン・ヴィア・ラータ聖堂	98
サンタ・マリア・イン・カンピテッリ聖堂	102
サンタ・マリア・イン・トラステヴェレ聖堂	66
サンタ・マリア・ソプラ・ミネルヴァ聖堂	79
サンタ・マリア・デイ・セッテ・ドローリ聖堂	89
サンタ・マリア・デイ・ピアッツァ聖堂	145
サンタ・マリア・デイ・ピエタ聖堂	138
サンタ・マリア・デラ・ヴィットーリア聖堂	72
サンタ・マリア・デラ・コンチェツィオーネ聖堂	63
サンタ・マリア・デラ・サルーテ聖堂	132
サンタ・マリア・デラ・スカラ聖堂	45
サンタ・マリア・デラ・ステラ聖堂(ナポリ)	113
サンタ・マリア・デラ・パーチェ聖堂	97
サンタ・マリア・デリ・アンジェリ聖堂	30
サンタ・マリア・デル・ジーリオ聖堂	135
サンタ・マリア・デル・ポポロ聖堂	38
サンタ・マリア・マッジョーレ聖堂	57
サンタ・マリア・ラ・ノーヴァ聖堂(ナポリ)	113
サンタンドレア・アル・クイリナーレ聖堂	73
サンタンドレア・デラ・ヴァッレ聖堂	63
サンタンドレア・デラ・フラッテ聖堂	86
サンタンナ・ディ・ロンバルディ聖堂	109
サンタンブロージョ聖堂	121
サンティ・アポストリ聖堂	108
サンティ・ヴィンチェンツォ・エ・アナスタシオ聖堂	102
サンティーヴォ・アラ・サピエンツァ聖堂	86
サン・ディエゴ・アッロスペダレット聖堂	114
サンティ・ジョヴァンニ・エ・パオロ聖堂	138
サンティッシマ・アヌンツィアータ・デル・ヴァスタート聖堂	126
サンティッシマ・トリニタ・デイ・ペレグリーニ聖堂	60
サンティッシマ・トリニタ聖堂	146
サンティ・ドメニコ・エ・シスト聖堂	101
サンティニャーツィオ聖堂	99
サンティ・ネレオ・エ・アキレオ聖堂	20
サンティ・マルティーリ聖堂	144
サンティ・ルカ・エ・マルティーナ聖堂	97
サント・シンドーネ聖堂	143
サント・ステファノ・ロトンド聖堂	21
サント・スピリト・イン・サッシア聖堂	21
サントノーフリオ・アル・ジャニコロ聖堂	52
サン・ニーロ修道院(グロッタフェラータ)	67
サン・パンタロン聖堂	136
サン・ピエトロ・イン・モントーリオ聖堂	76

索引 | 171

サン・フィリッポ・ネリ聖堂	147	ピオ・モンテ・デラ・ミゼリコルディア聖堂	107
サン・フランチェスコ・ア・リーパ聖堂	75	ファルネーゼ宮殿	50
サン・フランチェスコ・ダッシジ聖堂	155	プレトーリアの噴水	152
サン・フランチェスコ・デッリン・マコラータ聖堂	164	ポポロ広場	101
サン・マッテオ聖堂	159	ボルゲーゼ美術館	42
サン・マルチェッロ・アル・コルソ聖堂	102	●マ行	
サン・マルティーノ修道院(国立サン・マルティーノ美術館)	112	マルトラーナ聖堂	153
サン・ルイジ・デイ・フランチェージ聖堂	34	メッシーナ市庁舎	162
サン・ルカ聖堂(ジェノヴァ)	121	メッシーナ州立美術館	162
サン・ロレンツォ・イン・ルチーナ聖堂	62	モンテヴェルジニ聖堂	165
サン・ロレンツォ聖堂(トリノ)	143	●ラ行	
サン・ロレンツォ礼拝堂(パレルモ)	154	ラ・ガンチャ	157
ジェズアーティ聖堂	132	ロザリオ・イン・サン・ドメニコ礼拝堂	156
ジェズ・ヌオーヴォ聖堂(ナポリ)	109		
シチリア州立美術館	158	〈画家・建築家〉	
スカラ・サンタ	23		
スクオーラ・グランデ・デイ・カルミニ	135	●ア行	
ストゥピニージ宮殿	146	アグレスティ(リヴィオ)	21,23
スパーダ美術館(パラッツォ・スパーダ)	90	アッセレート(ジョアッキーノ)	118,126,127
スピノラ宮国立美術館	127	アマート(ジャコモ)	148,152,155,158
スペルガ聖堂	144	アマート(パオロ)	148,157
		アルバーニ(フランチェスコ)	41,42,48,147
●タ・ナ行		アルベルティ(ドゥランテ)	20,23
ダンテ広場	116	アルベルティ兄弟(ジョヴァンニ／ケルビーノ)	15,47
ドゥオーモ(シラクーザ)	160	アレッシ(ガレアッツォ)	118,122
ドゥオーモ(ナポリ)	106	アンサルド(アンドレア)	117,125,126
ドゥオーモ(ノート)	164	ヴァーガ(ペリン・デル)	102,117
ドゥオーモ(レッチェ)	159	ヴァザーリ(ジョルジョ)	76,103,109
ドーリア・パンフィーリ美術館	40	ヴァサンツィオ(ジョヴァンニ、別名ヤン・ファン・サンテン)	59
ナヴォーナ広場	75	ヴァッカロ(ドメニコ・アントニオ)	111,113
		ヴァルソルド	58
●ハ行		ヴァレリアーノ(ジュゼッペ)	21,28,146
パラッツォ・カリニャーノ	145	ヴァンヴィテッリ(ルイジ)	30,105,116
パラッツォ・サンフェリーチェ	116	ヴァン・ダイク	114,117,118,120,126,127,150,157
パラッツォ・デッルニヴェルシタ(ジェノヴァ大学)	122	ヴァンニ(フランチェスコ)	54
パラッツォ・ドゥチェンツィオ	164	ヴィヴァリーニ(バルトロメオ)	139
パラッツォ・ニコラーチ	165	ヴィヴィアーニ(アントニオ)	55
パラッツォ・ニコロジオ・ロメッリーノ	119	ヴィジーリア(トンマーゾ・デ)	158
パラッツォ・バッターリア	163	ヴィタリアーノ(ジョアッキーノ)	153,154,156
パラッツォ・ビアンコ	127	ヴィターレ(フィリッポ)	115
パラッツォ・ベルティーニ	163	ヴィットッツィ(アスカニオ)	146
パラッツォ・ベローモ	160	ヴィットーネ(ベルバルド)	140,145
パラッツォ・マダマ	145	ヴィニョーラ	17,26,51
パラッツォ・ラビア	137	ヴーエ(シモン)	63,76,122
パラッツォ・レアーレ(ジェノヴァ)	126	ヴェッキ(ジョヴァンニ・デ)	9,23,76,79
パラッツォ・レアーレ(トリノ)	147	ヴェッキオ(アントニオ・カタラーノ・イル)	150
パラッツォ・レアーレ(ナポリ)	114	ヴェッキオ(マルティーノ・ロンギ・イル)	98,102
パラッツォ・ロスピリオージ・パラヴィチーニ	59	ヴェヌスティ(マルチェッロ)	79
パラッツォ・ロッソ	127	ヴェロッキオ	139
バルベリーニ宮殿国立古代美術館	95	ヴェロネーゼ	126,127,130,137,139
バルベリーニ広場	74		
ピエタ・デイ・トゥルキーニ聖堂	115	●カ行	
ピエタ聖堂	155	カヴァリーニ(ピエトロ)	54,66

カヴァッリーノ(ベルナルド)	103,115,116
ガジーニ(アントネッロ)	156,158,160
カスティリオーネ(ジョヴァンニ・ベネデット)	
	118,127,128
カステッロ(ヴァレリオ)	118,122,126-128
カステッロ(ジョヴァンニ・バッティスタ)	119
カステッロ(ベルナルド)	158
カーティ(パスクアーレ)	66
カヌーティ(ドメニコ・マリア)	92,101
カミリアーニ親子(フランチェスコ／カミッロ)	152
カラヴァッジョ(ポリドーロ・ダ)	103,115,158
カラヴァッジョ(ミケランジェロ・メリージ・ダ)	
	26,28,30-48,52-54,63,67,68,79,95-97,99,108-110,
	112-117,127,128,130,148,150,154,160-162
カラッチ(アンニーバレ)	32-35,38,41,43,47,50-53,
	55,60,62,67,115
カラッチョロ(バッティステッロ)	
	103,108,109,110,112-115
ガリアルディ(ロザリオ)	162-165
ガリレイ(アレッサンドロ)	84,87
カルネリヴァーリ(マッテオ)	158
カルローネ兄弟(ジョヴァンニ／ジョヴァンニ・バッティスタ)	118,122,126
カンビアーゾ(ルカ)	117,118,126,127
グアリーニ(グアリーノ)	140,142,143,145,147,161
グアルディ(フランチェスコ)	131,135
クエイローロ(フランチェスコ)	111
グエッラ(ガスパーレ)	86
グエッラ(ジョヴァンニ)	58,59
グエルチーノ	42,48,66,67,73,90
クーリア(フランチェスコ)	103,113,115
クロサート(ジョヴァンニ・バッティスタ)	135,146
クローチェ(バルダッサーレ)	23,24,30,59
ゲラルディ(フィリッポ)	52,92
コッラディーニ(アントニオ)	111
コッリ(ジョヴァンニ)	52,92
コルディエ(ニコラ)	55
コルテーゼ(グリエルモ、別名ボルゴニョーネ)	74
コルト(ヨッセ・ド)	135
コルトーナ(ピエトロ・ダ)	10,29,51,66,72,82,
	91,93-95,97-99
コレッジョ	64,116
コレンツィオ(ベリサリオ)	103
コロンナ(メンゴッツィ)	137,139
コンモーディ(ジョヴァン・アンドレア)	24,26,95

●サ行

サッキ(アンドレア)	48,79,97
サラチェーニ(カルロ)	33,46,63,79,96,97
サルヴィ(ニコラ)	80,94
サルヴィアーティ	51,75,102
サルディ(ジュゼッペ)	135
サンガッロ(アントニオ・ダ)	21,87,102
サンガッロ(ジュリアーノ・ダ)	16,50
サンクティス(フランチェスコ・デ)	94
サンソヴィーノ(ヤコポ)	87,102

サンタフェーデ(ファブリツィオ)	103,113
サンフェリーチェ(フェルディナンド)	105,115,116
サンマルティーノ(ジュゼッペ)	111
ジェンティレスキ(アルテミジア)	115,116
ジェンティレスキ(オラツィオ)	33,90,96,110,147
シナトラ(ヴィンチェンツォ)	163-165
ジャキント(コッラード)	150,158
ジョーヴァネ(パルマ・イル)	135,158
ジョーヴァネ(マルティーノ・ロンギ・イル)	94,102
ジョルダーノ(ルカ) 94,105,108,112,113,115,126,133
ジンバロ(ジュゼッペ)	159
ジンバロ(フランチェスコ・アントニオ)	159
スカモッツィ(ヴィンチェンツォ)	131
スケドーニ(バルトロメオ)	115
スタンツィオーネ(マッシモ)	103,106,110,112-115
ズッカリ(タッデオ)	102
ズッカリ(フェデリコ)	23,26,28,52
ズッキ(ヤコポ)	21
ステッラ(ジャコモ)	24,84
ストーメル(マッティア)	150,156,157
ストロッツィ(ベルナルド)	118,119,120,127,129
セルポッタ(ジャコモ)	150,153-156,158
ソッツィ(オリーヴィオ)	150,154,157
ソリア(ジョヴァンニ・バッティスタ)	55,72
ソリメーナ(フランチェスコ)	105,109,150

●タ行

タッシ(アゴスティーノ)	67
ダルピーノ(カヴァリエール)	10,15,25,26,31,34,43,
	58,84,99,103,112
ダンナ(ヴィート)	150,152
チェリオ(ガスパーレ)	28
チェレブラーノ(フランチェスコ)	111
チゴリ	58,59,88
チャンペッリ(アゴスティーノ)	26,28,72,89
チルチニャーニ(アントニオ)	67
チルチニャーニ(ニコロ、別名ポマランチョ)	
	22,23,26,88
ティエポロ(ジャンドメニコ)	131,135,139
ティエポロ(ジャンバッティスタ)	
	94,130,132,135-139,142
ティツィアーノ	42,51,116,127,133
ティート(サンティ・ディ)	88
ティバルディ(ペレグリーノ)	35,144
ティントレット	132,135
テオドン(ジャン・バティスト)	29
デュゲ(ガスパール)	41
テンペスタ(アントニオ)	22,89
ドー(ジョヴァンニ)	115
ドメニキーノ(ドメニコ・ザンピエーリ)	30,35,37,41,
	44,45,46,48,52,56,57,62-67,73,103,106,107
トリーティ(ヤコポ)	58

●ナ行

ニジェル(ベルナルディーノ)	164
ネッビア(チェーザレ)	21,23,30,58

索引 | 173

ノヴェッリ(ピエトロ) 150,152,156-158,163
ノガーリ(パリス) 23,30,84

●ハ行
パヴィア(ヴィンチェンツォ・ダ) 154,155,158
パチッチア(本名ジョバンニ・バッティスタ・ガウッリ) 29,69,75,118
パッシニャーノ 88,89
バビューレン(ディルク・ファン) 76,77,108
ハフナー(エンリコ) 92,101
パラディーニ(フィリッポ) 150,156,158,164
バリオーネ(ジョヴァンニ) 24,28,35,38,54,59,85,108
パルマ(アンドレア) 152,157,160,162
バロッチ(フェデリコ) 55,99
ハーン(ダフィト・デ) 76
ピアツェッタ(ジョヴァンニ・バッティスタ) 129,130,133,136,138
ビアンコ(バルトロメオ・) 118,122
ピオーラ(ドメニコ) 118,121,122,126,127
ピオンボ(セバスティアーノ・デル) 39,76
ピーノ(マルコ) 21,23,103
ピントゥリッキョ 40
ファルコーネ(アニエッロ) 107,110,115
ファンツァーゴ(コジモ) 106,112
フィアゼッラ(ドメニコ) 117,126,127
フェッラーリ(グレゴリオ・デ) 118,126,127
フェッラーリ(ジョヴァンニ・アンドレア・デ) 150,158
フェッラーリ(ロレンツォ・デ) 127
フォス(マールテン・デ) 75
フォンターナ(カルロ) 63,66,102,126,147
フォンターナ(ジョヴァンニ) 78
フォンターナ(ドメニコ) 13,17,23,34,58,73,85,101,114
フーガ(フェルディナンド) 45,52,58,105,111,114,148
プッサン(ニコラ) 41,48
フミアーニ(ジャンアントニオ) 136
ブラマンテ 16,76,98
ブリューゲル(ピーテル) 41,115
ブリル(パウル) 24,54,67
プルツォーネ(シピオーネ) 28,52
プレーティ(マッティア) 64,65,104,105,115,158
プロカッチーニ(ジュリオ・チェーザレ) 124,147
ベッリーニ(ジョヴァンニ) 115,139
ベラスケス 114,117
ベルニーニ(ジャンロレンツォ) 18,19,26,29,39,40,42-44,59,68-83,85-87,94-96,98,102,111
ベルニーニ(ピエトロ) 59,62,71
ベンソ(ジョリオ) 126
ホッサールト(ヤン) 158
ポッツォ(アンドレア) 6,27,29,92,94,99,100,122
ポッツォ(ジョヴァンニ・バッティスタ) 30
ボッレマンス(グリエルモ) 154,155,158
ボルジャンニ(オラツィオ) 33,83,90,97
ポルタ(ジャコモ・デラ) 17,23,26,59,75,79,84,86,87
ボロミーニ 68,73-75,80-87,89-91,94-96,109,140,144,145,159
ポンツィオ(フラミニオ) 42,58,59,78
ホントホルスト(ヘリット・ファン) 46,63

●マ行
マッサ親子(ドナート/ジュゼッペ) 111
マッサリ(ジョルジョ) 130-132,135,138
マッセイ(ジローラモ) 20,23
マデルノ(カルロ) 17,26,29,63,80,83,87,91,95
マデルノ(ステファノ) 53,54,101
マニャスコ 127
マラッタ(カルロ) 10,29,48,78,155
マラビッティ(イニャーツィオ) 153-155,158,160
マンフレディ(バルトロメオ) 33
ミケランジェロ 9,16,30,31,42,50,59,76,144
ミンニーティ(マリオ) 160
ムツィアーノ(ジローラモ) 28,30,34,52,99,121
メッシーナ(アントネッロ・ダ) 109,127,158,160-162
モントルソーリ(ジョヴァンニ・アンジェロ) 161,162

●ヤ・ラ行
ユヴァッラ(フィリッポ) 140,142,144-147,161
ライナルディ(カルロ) 58,62,63,94,102
ラウラーナ(フランチェスコ) 158
ラウレーティ(トンマーゾ) 30
ラグッツィーニ(フィリッポ) 92,100
ラッジ(アントニオ) 29,87
ラッソ(ジュリオ・) 151
ラファエロ 9,34,39,42,50,53,76,98
ランダッツォ(フィリッポ) 150,152
ランディーニ(タッデオ) 79
ランフランコ 43,45,48,59,62-66,87,91,103,106,108-110,112,114,115
リグストリ(タルクイニオ) 25
リッチ(ジョヴァンニ・バッティスタ) 23,75,84,102
リッチ(セバスティアーノ) 130,132,135
リッツォ(ピエトロ) 160
リベラ(ジュゼッペ・デ) 33,45,103,106,107,112-116
ルグロ(ピエール) 29,100
ルーベンス 45,46,91,93,98,117,118,120-122,127,129,135
レッジョ(ラファエリーノ・ダ) 23,51
レーニ(グイド) 42,45,46,48,53-57,59-64,66,67,76,90,101,112,115,117,122,127
ローザ(サルヴァトール) 105,115
ロット(ロレンツォ) 116,138
ロドリゲス(アロンソ) 162
ロラン(クロード) 41
ロンカッリ(クリストファノ) 20,30,55,84,99
ロンギ(ピエトロ) 131,135
ロンゲーナ(バルダッサーレ) 131,132,135
ロンバルト親子(ピエトロ/トゥッリオ) 138

執筆者紹介

宮下　規久朗　みやした　きくろう

1963年名古屋市生まれ。東京大学文学部美術史学科卒業、同大学院人文科学研究科修了。
現在、神戸大学文学部助教授。
主要著書・訳書：『ティエポロ』（トレヴィル1996）、『バロック美術の成立』（山川出版社2003）、『カラヴァッジョ——聖性とヴィジョン』（名古屋大学出版会2004、地中海学会ヘレンド賞・サントリー学芸賞受賞）、『カラヴァッジョ（西洋絵画の巨匠11）』（小学館2006）、『イタリア絵画』（ステファノ・ズッフィ著、翻訳、日本経済新聞社2001）など。

写真提供一覧

溝岡　賢　　　　　　　　　　カバー表・裏，7，11上右，28，33，35，36上・下，37上・下，39上・下，40，44上・中，46，57下，68下，73上，84上右，89上，96下

C. Dempsey, *Annibale Carracci : Palazzo Farnese*, New York, 1995　　　　　　　　49
C. Norberg-Schulz, *Baroque Architecture*, Milano, 1979　　　　　　　　　　　　144
J. R. Martin, *Baroque*, New York, 1977　　　　　　　　　　　　　　　　　　　93右
R. Wittkower, *Art and Architecture in Itary 1600-1750*, Harmondsworth, 1958 (3vols, revised. by
　　J. Connors and J. Montagu, New haven and London, 1999)　　　　129, 134, 135
以上のほかはすべて著者撮影

世界歴史の旅　イタリア・バロック――美術と建築

2006年11月15日　1版1刷　発行
2015年1月31日　1版2刷　発行

著　者　宮下　規久朗
発行者　野澤伸平
発行所　株式会社　山川出版社
　　　　〒101-0047　東京都千代田区内神田1-13-13
　　　　電話　03(3293)8131(営業)　8134(編集)
　　　　http://www.yamakawa.co.jp/
　　　　振替　00120-9-43993
印刷製本　岡村印刷工業株式会社
装　幀　菊地信義
本文レイアウト　佐藤裕久

©Kikuro Miyashita 2006 Printed in Japan　ISBN 978-4-634-63350-6
●造本には十分注意しておりますが，万一，乱丁本などがございましたら，小社営業部宛にお送りください。送料小社負担にてお取り替えいたします。
●定価はカバーに表示してあります。